Mentor Abiturhilfe
Band 82
Latein

Übersetzen mit System

Neue Übersetzungstechniken für lateinische Texte in der Oberstufe

Von Johannes Auffarth
und Dr. Friederike Hausmann

Mit Lösungen und Musterübersetzungen

In Zusammenarbeit mit Langenscheidt

Mentor Verlag München

Johannes Auffarth: Lehrer für Latein, Griechisch, Ethik und Geschichte am Gymnasium, Fachleiter für Ethik

Dr. Friederike Hausmann: Lehrerin für Latein und Geschichte am Gymnasium, Fachbuchautorin, Übersetzerin

Zeichen und Abkürzungen

Merksatz (deutsche Erklärungen)

Regel (auf lateinische Sachverhalte bezogen)

Hinweis (auf Grammatischen Anhang)

Übung

Übung (separates Übungsheft benutzen)

2., verbesserte und vollständig überarbeitete Auflage

Illustrationen: Margarethe Rief

Auflage:	6.	5.	4.	3.	2.	Letzte Zahlen
Jahr:	1997	96	95	94	93	maßgeblich

Druck: Druckhaus Langenscheidt, Berlin
Printed in Germany, ISBN 3-580-64820-9

Inhalt

Einleitung

Sie greifen vermutlich zu diesem Buch, weil Sie Schwierigkeiten beim Übersetzen lateinischer Texte haben. Während in den ersten Lernjahren beim Latein grammatikalische Einzelprobleme im Vordergrund gestanden haben, bietet die Übersetzung zusammenhängender, immer komplexerer Texte neue, z. T. verwirrende Schwierigkeiten. Hier wollen wir ansetzen.

Übersetzen ist eine Kunst. Wie für jede Kunst braucht man dazu bestimmte handwerkliche Techniken.

Die wollen wir uns gemeinsam erarbeiten. Wir beschreiben hier einen ganz neuen, **linguistischen Ansatz,** der in anderen Sprachen bereits erprobt worden ist.

Vielleicht haben Sie schon versucht, durch Wiederholung einiger Grammatikkapitel Ihrer Schwierigkeiten Herr zu werden, und stehen doch immer wieder vor dem lateinischen Text wie vor einem chaotischen Durcheinander von Wörtern, deren Bedeutung Sie zwar im einzelnen kennen, deren sinnvolle Verbindung Ihnen aber Rätsel aufgibt. Die Kenntnisse der Grammatik und der Vokabeln sind sozusagen die Werkzeuge, die Sie zwar besitzen, aber nicht richtig handhaben können. Möglicherweise lesen Sie den lateinischen Text mit dem „Raster" der deutschen Sprache im Kopf, ohne sich die wichtigsten **Regeln des Übersetzens** klargemacht zu haben. Das ist etwa so, als wollten Sie sich auf der Suche nach antiken Schätzen in den labyrinthischen Gängen einer alten römischen Villa mit Hilfe des Bauplanes eines modernen Hochhauses zurechtfinden. Auf diese Weise würden Sie den Eingang zur Schatzkammer nur durch puren Zufall finden!

Der Bauplan der lateinischen Sprache unterscheidet sich grundsätzlich von dem der deutschen. Es gibt keine unmittelbare Übersetzung. Eine Annäherung zwischen den beiden Sprachen muß schrittweise erfolgen.

Das mag Ihnen langwierig erscheinen, und Sie sagen vielleicht: „So viel Zeit habe ich nicht. Vor allem in den Klassenarbeiten bzw. Klausuren kommt es auf zügiges Arbeiten an. Wenn ich da erst lange herumtue, werde ich nicht fertig.“ Wenn Sie aber mit uns gemeinsam die einzelnen Übersetzungsschritte durcharbeiten, wenn Sie von der „Rohübersetzung“ bewußt Schritt für Schritt, statt hastig und kopfüber, an den Text heranzugehen lernen, werden Sie bald schon bereits beim Lesen ganz automatisch diese Schritte vollziehen. Um in dem Bild mit den Bauplänen zu bleiben: Sie haben dann den richtigen Bauplan in der Hand bzw. im Kopf und gehen zielstrebig auf die Stelle zu, von der aus eine Tür die geheimen Gänge des Schlosses öffnet.

Das Erstaunliche bei dieser Vorgehensweise ist, daß Sie gar nicht unbedingt ganz sattelfest in allen Grammatikfragen zu sein brauchen, daß Sie auch manche unbekannte Vokabel ruhig mal beiseite lassen können, ohne daß gleich die ganze Übersetzung „kippt“, ohne daß Sie den Faden verlieren. Sie werden sogar – so hoffen wir – erkennen, daß Übersetzen ein aufregendes Spiel sein kann, wirklich eine Schatzsuche nach den vielfältigen Ausdrucksmöglichkeiten der lateinischen und – vielleicht mehr noch – unserer eigenen Muttersprache.

Wie dieses Buch zu benutzen ist

Wir wollen Ihnen helfen, richtig und mit Spaß zu übersetzen. Gerade deshalb werden wir in diesem Buch zunächst kaum so „übersetzen“, wie Sie das bisher gewohnt waren.

- Statt dessen stellen wir Ihnen eine Reihe von Übungen vor, mit deren Hilfe Sie lernen, mit „lateinischen Augen“ zu lesen. Die Aufgaben sind so gestellt, daß sie **eindeutig** zu beantworten sind. Sie werden also nicht „schwimmen“.

- Die Lösungen zu den Übungen finden Sie im Lösungsheft.

- In einem grammatischen Anhang finden Sie Informationen zu ausgewählten grammatikalischen Problemen, die für die Technik des Übersetzens besonders wichtig sind.

- Da wir für die Übungen immer Originaltexte ausgewählt haben, können Sie diese Stellen in einer zweiten Arbeitsphase als Übungen komplett übersetzen. Auf diese Weise gewinnen Sie auch die erforderliche Sicherheit im Umgang mit den in der Schule geläufigen Autoren und Werken.

- Zu diesem Zwecke enthält das Lösungsheft eine Musterübersetzung aller im Buch vorkommenden lateinischen Sätze, die die von uns aufgestellten Regeln berücksichtigt.

Zeichen und Markierungen zur Abgrenzung der Satzteile und Sätze

consul .... vicit	*Satzkern: Subjekt und Prädikat* (doppelt unterstreichen, am besten rot)
huic librum dedit	*Objekt/Objekte* (Pfeile über oder unter der Zeile vom Prädikat zu den Objekten)
[hoc tempore]	*adverbiale Bestimmungen,* auch *Ablativus absolutus* (eckige Klammern)
⟨se ... migravisse⟩	*Akkusativ mit Infinitiv (A.c.i.)* (spitze Klammern)
⌞Cicero consul⌟	*Attribute,* auch *Participium coniunctum* und *Reihungen* von Satzteilen (kleine Ecken unten)
tamen	*Beiordnende Konjunktionen* zur Verbindung von ganzen Sätzen (eckige Umrahmung)
(cum)	*Unterordnende Konjunktionen* (runde Umrahmung)

Bausteine des lateinischen Satzes

Die Grundelemente der Übersetzungstechnik

An einem ganz einfachen Beispiel wollen wir uns die grundlegenden Unterschiede zwischen der Struktur deutscher und lateinischer Sätze klarmachen.

Hund Mädchen Knochen ein seinem einen gibt.

Sicher haben Sie diesen Wortsalat im Kopf bereits längst zu einem sinnvollen Ganzen geordnet. Sie haben dabei bestimmte Signale aus dem Durcheinander aufgenommen und die Ihnen geläufigen Regeln des deutschen Satzes automatisch angewandt. Einige sprachlich durchaus richtige Möglichkeiten haben Sie als faktisch unrealistisch ausgeschaltet. Ihr Gehirn hat also ein ganzes Programm abgespult, dessen wichtigste Schritte wir uns kurz vergegenwärtigen wollen:

- Zuerst haben Sie die Wörter nach Bedeutung und Wortart untersucht.
- Mit Hilfe fester Wortstellungsregeln haben Sie mehrere grammatikalisch richtige Sätze gebaut.
- Als wichtiges Hilfsmittel für die Ordnung der Wörter im Satz haben Sie die Artikel benutzt.
- Aus den grammatisch möglichen Sätzen haben Sie den logisch oder faktisch richtigen, d. h. sinnvollen Satz ausgewählt.

R

Das Gerüst der deutschen Sprache, das aus Wörtern sinnvolle Sätze entstehen läßt, besteht vor allem aus der Verwendung von Artikeln und aus festen Wortstellungsregeln. Beides existiert im Lateinischen nicht!

Welche Signale ordnen nun aber den lateinischen Satz? Das oben zitierte Beispiel würde lauten:

Puella cani os dat.

Wie auch immer die Wörter angeordnet sind (jede beliebige Umstellung ist möglich), bleibt der Satz im Lateinischen syntaktisch richtig und sofort verständlich. Woran liegt das wohl?

R

Für die Kennzeichnung von Wortart und Funktion der Wörter im Satz genügt dem Lateinischen ein einziges Signal: die *Endungen*.

Für die Übertragung ins Deutsche müssen wir deshalb eine Reihe von Vermittlungsschritten einschalten, um das Lateinische mit dem Deutschen „kompatibel" zu machen, wie man heute bei verschiedenen Computertypen und -sprachen sagt. Bei einem so einfachen Beispiel machen Sie das ganz automatisch. Wenn Sie sich die einzelnen Schritte genau bewußt machen, werden Sie aber auch bei schwierigeren Sätzen keine Fehler machen.

- Anhand der Endungen ordnen wir die Wörter nach ihrer Wichtigkeit für den Sinn und Inhalt des Satzes.

- Dabei bedienen wir uns einer Tatsache, die zum Glück der deutschen und lateinischen Sprache gemeinsam ist (dabei aber keineswegs selbstverständlich, wie viele nicht-indogermanische Sprachen beweisen):

  Im Lateinischen wie im Deutschen bilden *Subjekt* und *Prädikat den Satzkern,* von dem die übrigen Satzteile direkt oder indirekt abhängig sind.

R

Für die Übertragung ins Deutsche ordnen wir den lateinischen Satz anhand der Endungen vom *Prädikat* her.

Wäre es nun der Fall, daß vor allem in längeren lateinischen Sätzen und Texten die Wörter einfach beliebig aneinandergereiht sind, so wäre das Übersetzen wirklich ein mühsames Puzzle, und es bliebe unverständlich, wie die Römer sich verständigen oder z. B. Rednern folgen konnten.

Es gilt aber auch im Lateinischen:

R

> Trotz freierer Wortstellung als im Deutschen gibt es auch im Lateinischen Grundmuster des Satzbaus und der Wortstellung.

Diese zu erkennen und anzuwenden macht die eigentliche Übersetzungstechnik aus, die wir im folgenden erarbeiten wollen.

Die Beziehung zwischen Subjekt und Prädikat

Die Geschichte des Polykrates kennen Sie sicher schon durch das Gedicht von Friedrich Schiller. Ein lateinischer Schulbuchautor namens Valerius Maximus hat diese Geschichte ungefähr so erzählt:

Polycrates, Samiorum tyrannus, eo tempore divitiis omnes homines superabat.
Fortuna ei favere videbatur.
Ipse tyrannus fortunam suam nimiam iudicabat et timebat,
ne di immortales sibi inviderent.
Habebat anulum gemma pretiosa ornatum,
quem maxime amabat.
Hunc Neptuno dono dare constituit
et in mare abiecit.
Sed Neptunus id donum repudiavit
et Polycrati per piscatorem quendam reddidit.
Qui in ventre piscis ingentis anulum illum reppererat
et laetus tyranno tradiderat.
Tum Polycrates iure odium deorum timuit
et fortuna eius brevi tempore mutata est.
Proelio victus et captus in vertice montis cruci affixus est.

In ihrem Schwierigkeitsgrad sind das Sätze aus Ihren früheren Lateinjahren. Aber bereits daran lassen sich einige Grundmuster des lateinischen Satzbaus erkennen, mit deren Kenntnis auch schwierigere Sätze entschlüsselt werden können.

Das Schicksal des Polykrates wird in Sätzen beschrieben, deren Hauptaussagen immer am Anfang und am Ende jedes Satzes stehen. Da im Einzelsatz der Hauptgedanke im Zusammenkommen von Subjekt und Prädikat liegt, befinden sich diese beiden Satzteile – wohlgemerkt: in einem lateinischen **Normalsatz** – am Anfang und am Ende. Das können Sie leicht überprüfen:

Ü 1

Unterstreichen Sie Subjekte und Prädikate in der Polykrates-Geschichte. Achten Sie darauf, daß das Subjekt auch im Prädikat (Endung) aufgehen kann, wenn es bereits bekannt ist oder vorausgesetzt wird.

Verbinden Sie dort, wo ein Subjekt vorhanden ist, Subjekt und Prädikat, also den Satzkern, durch Pfeile.

Beispiel:

Polycrates eo tempore divitiis omnes homines **superabat.**

Übersetzen Sie den ganzen Text.

R

Im Lateinischen gibt es zwei *Tonstellen,* eine am *Satzanfang* und die andere am *-ende.* Sie bilden die grammatische und zugleich die gedankliche Einheit des Satzes. Unserem gewohnten Lesen widerstrebt diese lateinische *Rahmenstellung*. Im Deutschen gehen unsere Augen von Wort zu Wort, die Hauptaussage erschließt sich schrittweise, wohingegen man im Lateinischen vom Subjekt zum Prädikat springen muß; der Satz ist als *Spannungsbogen* aufgebaut.

Subjekt und Prädikat bilden den wichtigsten Spannungsbogen, allerdings nur einen unter mehreren. Brücken ziehen sich z. T. kreuz und quer über den Satz, und nur dem geübten Leser werden diese Brücken sichtbar.

Es hat deshalb gar keinen Sinn, jetzt einfach der Reihe nach Wort für Wort zu „übersetzen", um sich erst dann klar zu werden, wie der Satz und der Text aufgebaut sind – das geht nur bei der Muttersprache!

Aus einem solchen falschen Ansatz heraus sind oft Fehler und Fehlernester bereits vorprogrammiert. Dann noch auf den richtigen Weg zu kommen ist oft nicht mehr möglich.

Wenn alle Spannungsbögen des lateinischen Satzes erfaßt sind, haben Sie die *syntaktische Struktur* und damit die Voraussetzung für eine Übersetzung im Griff.

Die Beziehung zwischen Prädikat und Objekt

Neben Subjekt und Prädikat ist ein wichtiger und meist notwendiger Bestandteil des Satzes das bzw. die *Objekt(e)*.

Das Objekt ist seiner syntaktischen Funktion (= Aufgabenstellung) nach eine Ergänzung des Prädikats und daher oft eng an das Prädikat angeschlossen. Diese enge Verbindung nennt man Prädikatsgruppe. Im Lateinischen steht dabei das (bzw. die) Objekt(e) – im Gegensatz zum Deutschen – vor dem Prädikat.

Beispiel:

Polycrates eo tempore divitiis omnes homines superabat.

Sie sehen hier deutlich, wie der Satz von hinten aufgerollt werden muß. Häufig noch verstärkt wird die Tatsache, daß der lateinische Satz ein Übergewicht am Ende hat dadurch, daß manche *Prädikate* – wie auch in unserem Mustersatz – nicht nur eine, sondern mehrere *notwendige Ergänzungen* erfordern können.

Die folgenden Beispiele machen das noch einmal deutlich:

1. Wir gehen spazieren.
   Frage: *wer oder was?*

2. Die Römer erobern eine Stadt.
   Fragen: *wer oder was? – wen oder was?*

3. Der Lehrer gibt dem Schüler ein Buch.
   Fragen: *wer oder was? – wem? – wen oder was?*

– Im ersten Fall haben wir ein *Prädikat,* das sich mit einer Ergänzung zufrieden gibt, dem *Subjekt.* Man nennt diese Verben **einwertig.** Der Satz ist grammatikalisch und logisch korrekt und vollständig. Alle weiteren Fragen sind unsinnig (wem?/wen oder was?) oder nicht notwendig (wo?/wohin?).

– Im zweiten und dritten Fall entstehen Leerstellen, wenn wir als Leser nicht erfahren, *wen oder was* die Römer erobern, *wem und was* der Lehrer gibt. Die Sätze sind nicht nur grammatikalisch, sondern auch logisch unvollständig.

– Wenn außer dem Subjekt eine weitere Ergänzung notwendig ist, nennt man die Verben **zweiwertig.**

– Wenn außer dem Subjekt zwei weitere Ergänzungen notwendig sind, nennt man die Verben **dreiwertig.**

Wie Sie an unserem Mustersatz sehen können, sind auch *präpositionale Ausdrücke* als notwendige Ergänzungen möglich (Frage: *worin* oder *woran* übertreffen? – *an Reichtum*). Im Lateinischen steht dafür häufig der *Ablativ (divitiis)*. In manchen Fällen weicht der Kasus, den ein Verb verlangt, vom deutschen Sprachgebrauch ab. Es ist gut, sich diese Verben jeweils mit ihrem Kasus einzuprägen!

Gramm. Anhang: Verben mit vom Deutschen abweichendem Kasusgebrauch.

R

Es hängt von der Bedeutung des Prädikats ab, ob und wie viele Objekte erforderlich sind, in welchem Kasus sie stehen oder ob ein *präpositionaler Ausdruck* notwendig ist.

Ü 2

Zeigen Sie durch Pfeile im Polykrates-Text die enge Verbindung von Prädikat mit Objekt(en) an.

Bestimmen Sie die Wertigkeit, d. h. die Anzahl der Ergänzungen der Prädikate. Notieren Sie 1/2/3 hinter dem Verb.

!

Mit *Subjekt, Prädikat* und *Objekt(en)* haben Sie die Grundstruktur des lateinischen Satzes erfaßt. Legen Sie zu ihrer Kennzeichnung bestimmte (farbige) Zeichen fest. (Siehe Vorschlag in diesem Buch auf S. 7.)

Satzerweiterungen

Die adverbialen Bestimmungen

Satzerweiterungen sind *freie Angaben,* durch die der Satz mit zusätzlichen Informationen „aufgeladen" wird; sie geben dem Satz Farbe. Wenn sie fehlen, wird der Satz deshalb nicht unverständlich, wie an unserem Mustersatz zu sehen ist:

Polycrates [eo tempore] divitiis omnes homines superabat.

- Satzerweiterungen sind genau zu trennen von den **notwendigen** Satzteilen *Subjekt, Prädikat, Objekt,* die wir bisher behandelt haben.
- Als **nicht notwendige** Angaben ergeben sie meist erst aus der Übersetzung der notwendigen Bestandteile einen Sinn. Darum muß die Reihenfolge der Übersetzung – notwendige Satzteile zuerst! – strikt eingehalten werden.

Adverbiale Bestimmungen dienen, wie auch in unserem Mustersatz, zur Verdeutlichung der Umstände (wann, wo, wie, wodurch, mit wem usw.).

Es gibt folgende Arten von *adverbialen Bestimmungen (Adverbialen):*

1. die *Adverbien:* z. B. tum, bene, acerrime, celeriter (dann, gut, sehr heftig, schnell – im Deutschen ist kein Unterschied zwischen Adjektiv- und Adverbialform!).
2. *präpositionale Ausdrücke:* cum illo, post mortem (mit jenem, nach dem Tode).
3. *adverbiale Bestimmungen im Ablativ* (selten auch im Dativ): z. B.: magna celeritate, magno studio (mit großer Geschwindigkeit, mit großem Eifer).

☞ *Die adverbialen Bestimmungen im Ablativ* kommen dabei am häufigsten vor und werden sehr unterschiedlich übersetzt: Die Vielfalt der Bedeutungen des Ablativs wiederholen Sie am besten mit Hilfe des Grammatischen Anhangs.

Die Stellung der adverbialen Bestimmung im Satz

Im Normalsatz steht die *adverbiale Bestimmung* in der Mitte zwischen Subjekt und Prädikatsgruppe oder als Satzüberleitung noch vor dem Subjekt am Satzanfang. (Vgl. dazu das Kap. Satzüberleitungen)

Ü 3

Suchen Sie die *adverbialen Bestimmungen* im Polykrates-Text. Bezeichnen Sie diese mit eckigen Klammern [. . . .] und übertragen Sie sie in untenstehende Tabelle.
Wie wird nach Ihnen gefragt (deutsche Frage!)?
Tragen Sie Ihre Antwort in die Tabelle ein!

Adverbiale	adverbiale Bestimmung	Frage
Adverbien		
präpositionale Ausdrücke		
Ablative modi		
limitationis		
instrumenti		
temporis		
dativus finalis		

Die Attribute

Die *Attribute* erläutern die Satzteile *Subjekt, Objekt* und *adverbiale Bestimmung* näher. Sie bilden zusammen mit dem Bezugswort eine Sinneinheit.

In unserem Mustersatz werden *tempore* und *homines* genauer beschrieben:

Polycrates ⌊eo tempore⌋ divitiis ⌊omnes homines⌋ superabat.

Es gibt im Lateinischen verschiedene Arten von *Attributen:*

1. Die häufigsten *Attribute* sind *Adjektive* und *attributiv gebrauchte Partizipien (Participium coniunctum),* die sich in KNG (Kasus/Numerus/Genus) an ihr *Nomen* angleichen. Man erkennt also an der Endung, zu welchem *Nomen* ein *Adjektiv* gehört.

2. Ein *Nomen* kann auch näher bestimmt werden durch ein anderes *Nomen:*

   a) im *Genitiv (Genitivattribut)*

b) seltener auch durch ein *Nomen im Ablativ* (auch mit *Präposition*), z. B.

vir summo ingenio	ein Mann von höchstem Talent
homo de plebe	ein Mensch aus dem Volk
otium cum dignitate	Muße mit Würde
Helvetii inimico animo	die Helvetier in feindlicher Absicht

c) Aber auch ein *Nomen im gleichen Kasus* kann zu einem anderen Substantiv hinzutreten (*Apposition* = Hinzusetzung), z. B.

Scipione duce	mit Scipio als Anführer
Cicero consul	Cicero als Consul
Polycrates rex Samiorum	Polykrates, der König der Samier

Die Stellung der Attribute im Satz

Da die *Attribute* mit ihrem Bezugswort eine Sinneinheit bilden, stehen sie in der Regel unmittelbar vor oder hinter dem dazugehörigen *Nomen*. Durch die *KNG-Angleichung* (Kasus-Numerus-Genus) sind sie leicht zuzuordnen.

Allerdings gibt es einige Fälle, in denen die *Attribute* vom dazugehörigen *Nomen* getrennt sein können:

1. Die Sperrung von *Attribut* und *Nomen* wird manchmal als Stilmittel, z. B. in Versen oder Reden, eingesetzt, das man *Hyperbaton* nennt. Hier gilt es besonders auf die Endungen zu achten!

2. Das *attributiv* gebrauchte *Partizip*, das sog. *Participium coniunctum*, steht oft sogar sehr weit entfernt (vgl. zu dieser Besonderheit des Kap. Partizipialkonstruktionen).

Ü 4

Suchen Sie die *Attribute* aus dem Polykrates-Text! Kennzeichnen Sie durch kleine Winkel (⌞. . . . .⌟) die Zusammengehörigkeit von *Nomen* und *Attribut!*

Ordnen Sie die *Attribute* durch Eintrag in eine Tabelle:

	Attribut + Beziehungswort
adjektivisch	
substantivisch	
a) Genitiv	
b) Ablativ	
c) Apposition	

Abschließende Übungen zu den Bausteinen des lateinischen Satzes und ihrer Stellung im Normalsatz

Mit der Bestimmung von *Satzkern* (Subjekt und Prädikat), *notwendigen Satzergänzungen* und *Satzerweiterungen* haben Sie die wesentlichen Strukturelemente, die Bausteine des lateinischen Satzes, erfaßt und damit die grundlegende Voraussetzung für eine Übersetzung geschaffen.

Sie können nun vermutlich ohne große Schwierigkeiten die verschiedenen Bausteine im lateinischen Satz genauer bestimmen.

Ü 5

Dazu zunächst eine einfache Übung:

Markieren Sie in unserem hier etwas abgewandelten Mustersatz alle Satzteile mit den auf S. 7 festgelegten Zeichen, die Sie ab jetzt konsequent für alle entsprechenden Übungen benützen sollten.

Polycrates, Samiorum tyrannus, illo tempore divitiis omnes homines superabat.

Als Zusatz-Übung können Sie testen, ob Sie auch die weiteren Sätze des Polykrates-Textes entsprechend markieren und abgrenzen können.

Ü 6

Nun wird's etwas schwieriger. Im folgenden kleinen Text (nach Caesar) sind die Satzteile völlig durcheinander geraten. Ordnen Sie die Sätze so, daß lateinische Normalsätze entstehen!

Romanus incolebat Italiam populus. Obtinebant Romani Galliae imperium. Imperium Rhenus finiebat populi Romani. Tum amicitia populi Romani plurimum Haedui in Gallia poterant. A Germanis autem, Haeduorum finitimi, auxilium Sequani petiverunt. Itaque constituit gerere Caesar bellum. Nam beneficiis tenebatur imperium populi Romani. Itaque provincias atque socios magistratus imperatoresque defendebant aequitate et fide.

Der Bauplan des lateinischen Satzes

Der römische Rundbogen: Normalsatz und rhetorische Wortstellung

Bisher haben wir immer vom lateinischen **Normalsatz** gesprochen. Durch die grundsätzlich freiere Wortstellung ist im Lateinischen aber auch bei einfachen Sätzen eine ganz individuelle Gestaltung möglich. Um das, was dem Autor besonders wichtig ist, hervorzuheben, werden vor allem die Tonstellen, Satzanfang und Satzende, benutzt.

- Die *syntaktisch* wichtigsten Satzteile, *Subjekt* und *Prädikat,* stehen dann nicht mehr unbedingt an den betonten Stellen des Satzes.

- Solche Abweichungen von dem Schema des Normalsatzes nennt man *rhetorische Wortstellung*. Sie läßt sich bis zu einem gewissen Grad auch im Deutschen nachahmen. Allerdings ist hier zumindest das *Prädikat* immer an seinen festen Platz gebunden.

Um den Unterschied zwischen der *normalen syntaktischen Struktur* und der *rhetorischen Wortstellung* bei besonderer Aussageabsicht des lateinischen Autors zu verdeutlichen, können wir uns einen einfachen Satz *bildlich* als zwischen Satzanfang und Satzende gespannten *Bogen* vorstellen. Die Römer haben schließlich in der Architektur den Rundbogen erfunden. Ganz ähnlich denken wir uns einen lateinischen Satz.

Ein typisch lateinischer Spruch soll uns bei dieser Vorstellung als Beispiel dienen. In der **Normalstellung** lautet er:

Bona fama in tenebris proprium splendorem obtinet.

Ein guter Ruf behauptet seinen wirklichen Glanz im Dunkeln.

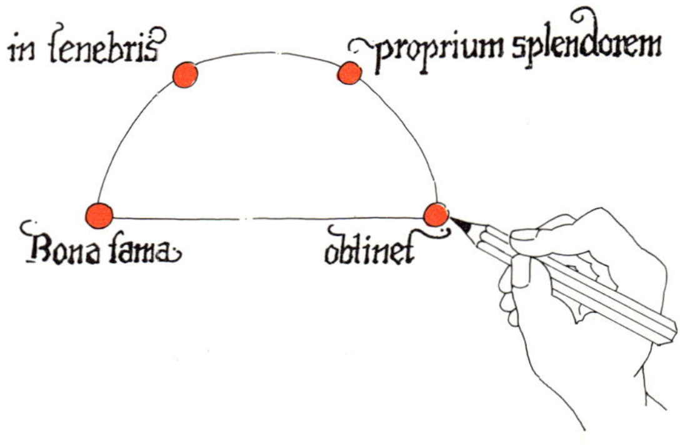

Auch in der Normalstellung folgt unsere Lesebewegung zum Erfassen der syntaktischen Struktur nicht dem Bogen, sondern springt vom *Prädikat* hin und her. Das läßt sich durch Pfeile verdeutlichen:

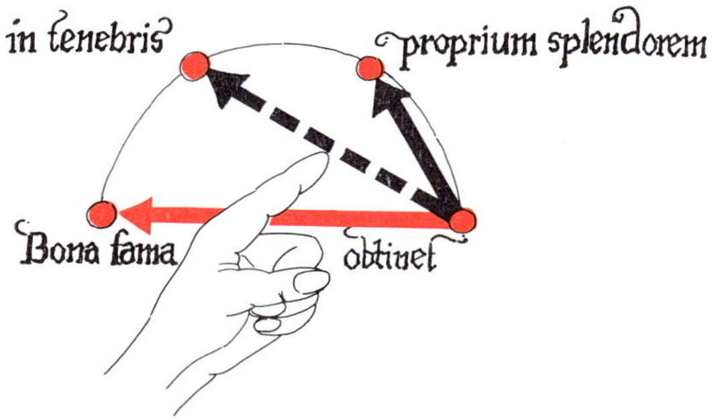

Abweichend von dieser Normalstellung jetzt zu den fünf wichtigsten Umstellungen im lateinischen Satz:

Bei der **rhetorischen Wortstellung,** wenn nicht mehr *Subjekt* und *Prädikat* die Haupttonstellen des Satzes einnehmen, muß unsere Lesebewegung jeweils anders aussehen.

Ü 1

Kennzeichnen Sie in den nun folgenden Beispielen für die *rhetorische Wortstellung* die Lesebewegung zum Erfassen der *syntaktischen Struktur* durch Pfeile in unterschiedlichen Farben, indem Sie das *Prädikat* – wie in einem Normalsatz – nacheinander mit dem *Subjekt,* dem *Objekt* und der *adverbialen Bestimmung* verbinden.

– **Variante 1:** Umstellung von *Subjekt* und *Prädikat*

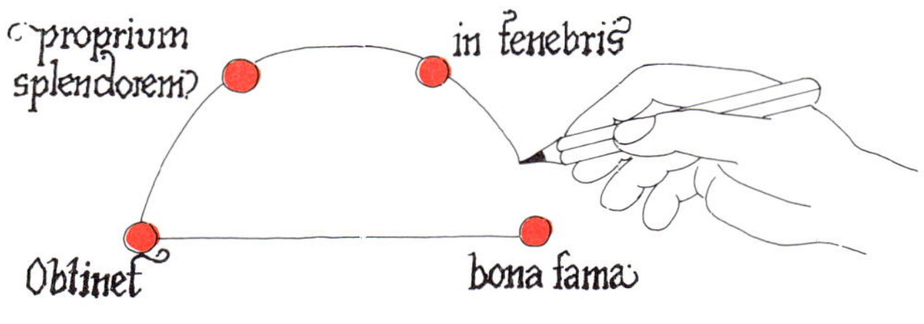

Diese Variante läßt sich im Deutschen wegen der Wortstellungsregeln nur bedingt nachahmen, durch die Einführung eines *Pronomens*:

Es behauptet seinen wirklichen Glanz im Dunkeln ein guter Ruf.

(Dieser Satz ist zwar grammatikalisch richtig, aber die Übersetzung ist unelegant und ungebräuchlich.)

Durch diese Wortstellung wird deutlich gemacht, daß ein *guter Ruf* kein Lorbeer ist, auf dem man sich ausruhen kann:

Ein guter Ruf muß seinen wirklichen Glanz im Dunkeln behaupten.

– **Variante 2:** Die Voranstellung des *Objekts*

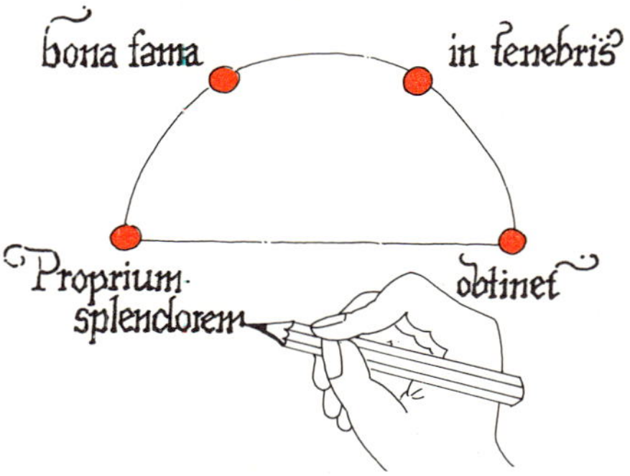

Hier wird *proprium splendorem* besonders hervorgehoben. Also:

Seinen wirklichen Glanz behauptet der gute Ruf im Dunkeln.

– **Variante 3:** Endstellung des *Objekts*

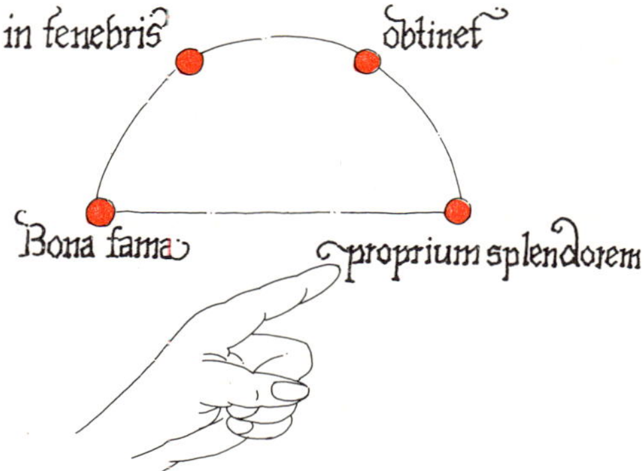

Bei dieser Variante wird der Glanz *proprium splendorem* als Eigenschaft der *bona fama* hervorgehoben, die den Satzanfang bildet. Durch die Umstellung der *Prädikatsgruppe* bekommt *proprium splendorem* besonderes Gewicht.

Ein guter Ruf behauptet im Dunkeln *seinen wirklichen Glanz*.

– **Variante 4:** Voranstellung der *adverbialen Bestimmung*

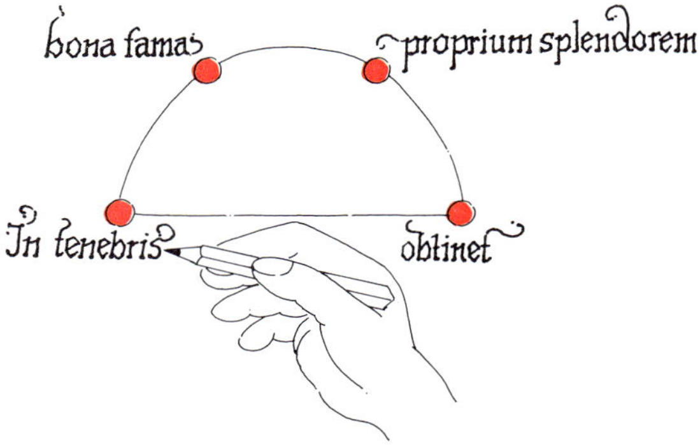

Im Dunkeln behauptet der gute Ruf seinen wirklichen Glanz.

Wird die *adverbiale Bestimmung* vorangestellt, sollen die *Krisenzeiten,* in denen der *gute Ruf* oftmals schwierig zu behaupten ist, betont werden.

– **Variante 5:** Endstellung der *adverbialen Bestimmung*

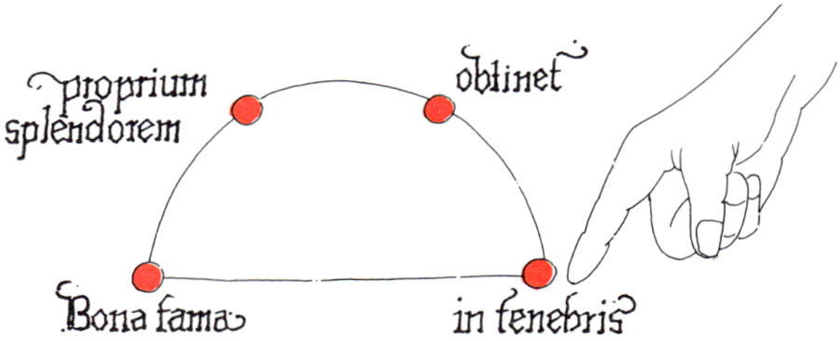

Der gute Ruf behauptet seinen wirklichen Glanz *im Dunkeln.*

Hier soll, ähnlich wie in Variante 4, auf die *Krisenzeiten* verwiesen werden; doch wird der *gute Ruf* durch die Stellung am Satzanfang stärker betont.

Nun ist aber für die deutsche Übersetzung die Nachahmung der lateinischen Wortstellung nicht immer der richtige Weg, da vor allem bei komplizierteren Sätzen die deutschen Wortstellungsregeln eine solche Nachahmung verbieten.

Zwar können beim Sprechen im Deutschen verschiedene Stellen im Satz, nicht nur der Anfang und das Ende, betont werden. Beim Schreiben jedoch wird im Deutschen die besondere Aussageabsicht wirkungsvoller z. B. durch den Gebrauch *adverbialer Bestimmungen* zum Ausdruck gebracht.

So kann in unserem Beispiel die besondere Aussageabsicht des Autors etwa durch die Einfügung von *„erst"* betont werden. Dies ist in allen Varianten möglich, z. B. Variante 2:

Proprium splendorem bona fama in tenebris obtinet.

Seinen wirklichen Glanz behauptet der gute Ruf *erst* im Dunkeln.

Welche Funktion hat nun die *rhetorische Wortstellung* bei der Übersetzung?

!

Die rhetorische Wortstellung kann eine Erschwerung, aber auch eine Hilfe für die Übersetzung sein.

Im Zusammenhang eines Textes ist die *rhetorische Wortstellung* oft eine Hilfe zum Verständnis des Kontextes, denn wir wissen dadurch, auf welches Wort/welche Wörter der Autor besonderen Wert gelegt hat. Unser Denken wird dadurch auch für die folgenden Sätze eines längeren Textes in die richtige Richtung gelenkt.

Umgekehrt kann die besondere Aussageabsicht des Autors aber auch erst aus der Kenntnis des größeren Zusammenhangs deutlich werden.

Mit der Wiedergabe der *rhetorischen Wortstellung* beginnt das schwierige Gebiet der *Interpretation.*

Eine eindeutige Regel läßt sich für die Wiedergabe der *rhetorischen Wortstellung* leider nicht aufstellen.

Für die Übersetzungsstrategie gilt aber dennoch folgende Grundregel:

R

Zunächst müssen wir die syntaktische Struktur des lateinischen Satzes erkennen und nach ihr die Übersetzung beginnen. Danach erst kann die besondere Aussageabsicht des Autors anhand der Wortstellung berücksichtigt werden.

Ü 2

Ergänzen Sie folgende Übersetzungen und bestimmen Sie die Variante der Wortstellung.

Oracula Romani antiquissimis temporibus non habebant.

In ältester Zeit besaßen die Römer (noch) keine ______________________ . (Variante: ______)

Romulo mortuo patres omnes Numae Pompilio, natione Sabino, regnum tradiderunt.

Alle Senatoren übergaben Numa Pompilius, aus dem Stamm der Sabiner, die Königsherrschaft und das gleich nach ______________________ . (Variante: ______)

Factus erat consul Sempronius Gracchus iterum.

Einmal war Sempronius Gracchus Konsul, aber jetzt wurde ______________________ .
(Variante: ______)

Agitabatur magis magisque in dies animus ferox.

Mehr und mehr von Tag zu Tag ______________________ . (Variante: ______)

Ü 3

Stellen Sie folgenden lateinischen Normal-Satz nach den fünf Varianten der rhetorischen Wortstellung um und versuchen Sie jeweils, das durch die besondere Wortstellung Betonte in Ihrer Übersetzung (in Ihrem Übungsheft) zum Ausdruck zu bringen.

Populus Romanus virtute omnes gentes superabat.

Stellen Sie bei den folgenden Sätzen fest, welche Satzteile auf den Haupttonstellen (Satzanfang und -ende) liegen.

Satz	Satzanfang	Satzende
Accusator Catilinae in rostra ascendit Cicero.	Prädikatsnomen	Subjekt
Gallia est omnis divisa in partes tres.		
Magna dis immortalibus habenda est atque huic ipsi Iovi Statori gratia.		
Romae ad primum nuntium cladis cum ingenti terrore ac tumultu concursus in forum populi est factus.		
Cicero orationem habuit luculentam atque utilem rei publicae.		

Ü 4

Übersetzen Sie nun alle Sätze!

Satzüberleitungen

Außer den Bausteinen des lateinischen Satzes, die wir bisher kennengelernt haben, gibt es Satzteile, die die Verbindung zwischen einzelnen Sätzen darstellen bzw. gleichartige Satzteile verbinden. Sie sind sozusagen der Mörtel zwischen den Bausteinen der Mauern des Satzgefüges und des Textganzen. Auch sie müssen beim analytischen Lesen sorgfältig abgegrenzt werden, weil auch hier das Lateinische teilweise vom Deutschen abweicht.

Durch die Abgrenzung treten die einzelnen, zusammengehörenden Wortgruppen plastisch hervor und erleichtern es Ihnen damit, auch fremde Teile auseinanderzuhalten.

Da die Römer keine Satzzeichen hatten, den Text also fortlaufend schrieben, brauchten sie deutliche Hinweise auf Beginn und Ende eines Satzes (anstelle unserer Punkte). Sie waren gezwungen, mit kleinen Wörtern Anfänge zu kennzeichnen – mit den Überleitungen.

Jeder Text der lateinischen Kunstprosa gibt deshalb durch Überleitungswörter die logischen Verbindungen zwischen den einzelnen Sätzen an. Die gebräuchlichsten Überleitungen sind die Ihnen schon längst bekannten *Konjunktionen.* Man unterscheidet *Konjunktionen,* die

1. gleichwertige Sätze verbinden (tamen, enim u. ä.), d. h. *gleich- oder beiordnende Konjunktionen,*

2. Nebensätze einleiten (si, postquam u. ä.), d. h. *unterordnende Konjunktionen.*

Der Lateiner besitzt aber noch weitere Möglichkeiten, einen Satzanfang zu markieren:

3. durch *Relativpronomina* („relativer Satzanschluß") und *Pronomina* (ille, hic u. ä.),

4. durch jeden *Satzteil,* der aus rhetorischen Gründen, d. h. zur besonderen Hervorhebung, an den *Satzanfang* gestellt wird.

Ü 5

Suchen Sie die satzverbindenden Überleitungen aus dem Polykrates-Text heraus.

Ordnen Sie die Überleitungen nach dem oben angegebenen Schema ein:

1. gleichordnende Konjunktionen, z. B. atque, tamen, enim
2. unterordnende Konjunktionen, z. B. si, postquam
3. Relativpronomina und Pronomina am Satzanfang
4. Satzteile, die aus rhetorischen Gründen am Satzanfang stehen

Die *unterordnenden Konjunktionen* sind ausführlich im Kap. *Satzperioden* aufgeführt!

Reihungen

Im Lateinischen erscheint ein Satz oft unübersichtlich und für die Satzanalyse schwierig, weil ein oder mehrere Satzteile verdoppelt oder vervielfacht werden. Dies wird in folgendem Beispielsatz sichtbar:

Haec est una via et laudis et dignitatis et honoris.

Das ist der einzige Weg zu Ruhm, Ansehen und Ehre.

Wenn Sie erkennen, daß *una via* drei gleichwertige *Genitivattribute* nachfolgen, die jeweils mit *et* verbunden sind, haben Sie den Satz sofort im Griff!

Es gibt nun mehrere Möglichkeiten, gleichartige Satzteile miteinander zu verbinden:

1. durch *beiordnende Konjunktionen*
   a) Anreihung gleichartiger Satzteile durch: et, atque, ac, -que, neque, neve, quoque, etiam
   b) Trennung gleichartiger Satzteile durch: aut, vel, -ve
   c) Parallelität der Satzteile durch *Doppelkonjunktionen* wie: et-et, neque-neque, aut- aut, non solum-sed etiam, cum-tum, modo-modo, ut-ita.
2. durch eine *asyndetische* Reihung, d. h. durch unverbunden aneinander gereihte gleichartige Satzteile: Haec est una via laudis, dignitatis, honoris.
3. durch *Wiederholung* des gleichen Wortes zu Beginn aufeinanderfolgender Satzteile. (vgl. die Stilfigur *Anapher*).

Die Vielfalt der Möglichkeiten klingt vielleicht auf Anhieb etwas verwirrend, aber eigentlich sollten Sie sich über eine Reihung freuen! Aneinandergereihte Satzglieder müssen nämlich nur einmal in ihrer Funktion und Beziehung zum Satzganzen erkannt werden.

Beispiel:

Populus tantum optat panem et circenses.

In dieser Reihung ist *circenses* genauso Objekt wie *panem*.

Ist eine Reihung in ihrer Ausdehnung abgesteckt, dann gilt folgende Regel:

R

Wenn ein Teil der Reihung in seiner syntaktischen Funktion bestimmt ist, sind alle Teile bestimmt.

Um den ganzen Überblick zu festigen, hier eine etwas umfangreichere Übung:

Ü 6

Rahmen Sie in den beiden folgenden Texten die verbindenden Wörter (z. B. *gleichordnende Konjunktionen/Anaphern)* ein!

Unterstreichen Sie die durch Verbindungswörter bzw. Satzzeichen verbundenen gleichen Satzteile!

Übersetzen Sie die Texte!

Lob der Philosophie

O vitae philosophia dux, o virtutis indagatrix expultrixque vitiorum! Quid non modo nos, sed omnino vita hominum sine te esse potuisset? Tu urbes peperisti, tu dissipatos homines in societatem vitae convocasti, tu eos inter se primo domiciliis, deinde coniugiis, tum litterarum et vocum communione iunxisti, tu inventrix legum, tu magistra morum et disciplinae fuisti.

(Cic., Tusc. V,5)

Ciceros Eigenlob

Ego consul, ... meis consiliis, meis laboribus, mei capitis periculis, sine tumultu, sine dilectu, sine armis, sine exercitu incensione urbem, internicione cives, vastitate Italiam, interitu rem publicam liberavi. Ego vitam omnium civium, statum orbis terrae, urbem hanc denique, sedem omnium nostrum, arcem regum ac nationum exterarum, lumen gentium, domicilium imperii, quinque hominum amentium ac perditorum poena redemi.

(Cic., Sull. 33)

Die *gleichordnenden Konjunktionen* haben verschiedene Funktionen: Sie haben sie nun
1. als *Satzüberleitungen,* d. h. zur Verbindung von Sätzen, und
2. bei den *Reihungen,* d. h. zur Verbindung von Satzteilen, kennengelernt.
Sie müssen also stets prüfen, welcher der beiden Fälle vorliegt!
Beachten Sie deshalb diese Regel:

R

Reihungen von Satzteilen hängen von dem/denselben Prädikat(en) ab. Ein Satzende ist dann erreicht, wenn eine Wortfolge durch ein Prädikat bestimmt ist.
Bei der Verbindung von Sätzen hat jeder Satz (mindestens) ein eigenes Prädikat.

Der Unterschied soll an folgendem Beispiel erläutert werden:

In der Schlacht an der Trebia (218 v. Chr.) schickte Hannibal die Reiter von den Balearen, seine Elefanten und die Numider unter seinem jüngeren Bruder Mago gegen die römischen Soldaten:

Sed et Baliares pulso equite iaculabantur in latera et elephanti iam in medium peditum aciem sese tulerant et Mago Numidaeque exorti ab tergo ingentem tumultum ac terrorem fecerunt. (Liv. XXI, 55, 9)

In unserem Beispiel verbinden die drei *et* drei ganze Sätze miteinander, die mit Subjekt und Prädikat ausgefüllt sind, nämlich:

Baliares iaculabantur
elephanti tulerant
Mago Numidaeque fecerunt

Mago Numidaeque (übrigens die engste Verbindung, die zwei Wörter eingehen können: *-que!*) müssen gleiche Satzteile sein, also *Mago* ist Nominativ wie *Numidae,* trotz der eigenartigen Endung (Eigenname!). Auch *tumultum ac terrorem* gehören beide als Objekte zum Prädikat *fecerunt.*

Weil diese Unterscheidung sehr wichtig für die Übersetzung lateinischer Sätze ist, haben wir wieder eine längere Übung zusammengestellt:

Ü 7

Unterscheiden Sie bei den folgenden Sätzen zwischen *satzverbindenden* und *satzteilverbindenden Konjunktionen!*

Rahmen Sie *Konjunktionen,* die ganze Sätze verbinden, ein.

Beispiel:

(vom römischen Gesetz sagt man:) scriptum nullum exstat,

[sed] responsa complura et memorabilia fuerunt. (Pompon., dig.)

Versehen Sie Satzteile, die durch *Konjunktionen* verbunden sind, mit kleinen Ecken, um anzuzeigen, daß sie ganz eng zusammengehören (wie *Attribute* und ihre *Nomina*!).

Beispiel:

(was die untätige Ruhe vermag:) otium ⌞et reges et beatas urbes⌟ perdidit (Catul. carm. 51, 15)

Übersetzen Sie alle Texte.

Anleitung zum Lesen:

Non enim scripta lectione secura transcurrimus, sed tractamus singula et necessario introspicimus. (Quint. inst. 10, 5, 8)

Die Philosophie hatte es in Rom schwer:

Philosophia iacuit usque ad hanc aetatem nec ullum habuit lumen litterarum Latinarum. (Cic. Tusc. I, 5)

Der mühsame Anfang eines Saufgelages:

Interpellavit tam dulces fabulas Trimalchio, nam iam sublatum erat ferculum, hilaresque convivae vino sermonibusque operam coeperant dare. (Petron. 39, 1)

Die Besonderheit von Reden in der Volksversammlung und im Senat

Contio capit omnem vim orationis et gravitatem et varietatem desiderat. Sapiens autem est consilium senatus multisque aliis dicendi relinquendus locus est. (Cic. De orat. 2, 333)

Reaktion auf den Mord an dem Politiker Clodius:

Perlatum est corpus Clodii ante primam noctis horam, infimaeque plebis et servorum maxima multitudo magno luctu corpus in atrio domus positum circumstetit. (Ascon. 7)

Die Folgen der schlechten Amtsführung eines Provinzstatthalters:

Lugent omnes provinciae, queruntur omnes liberi populi, regna denique etiam omnia de nostris cupiditatibus et iniuriis expostulant. Locus intra Oceanum iam nullus est neque tam longinquus neque tam reconditus, quo non per haec tempora nostrorum hominum libido iniquitasque pervaserit. Sustinere iam populus Romanus omnium nationum non vim, non arma, non bellum, sed luctum, lacrimas, querimonias non potest. (Cic. Verr. 2, 3, 207f.)

Ars legendi oder die Kunst, richtig zu lesen

Den lateinischen Satzbauplan und seine Varianten haben Sie nun kennengelernt und sich – hoffentlich – eingeprägt. Doch wie kann man diese Einsichten bei der Übersetzung richtig anwenden?

An folgendem schon etwas schwierigerem kleinen Text lernen Sie die Kunst des Lesens, der entscheidenden Vorstufe zum Übersetzen. Wenn Sie den Text mit Hilfe von Zeichen und Symbolen in **zwei Lesedurchgängen** „präparieren", werden Sie ihn ohne Schwierigkeiten übersetzen können.

Diese Vorarbeit methodisch zu betreiben, ist äußerst wichtig, auch wenn sie zunächst als unnötiger Aufwand erscheinen mag.

Caesar gibt eine kurze Beschreibung der Sueben, eines südwestdeutschen Germanenstammes:

Sueborum gens est longe maxima et bellicosissima Germanorum omnium. Hi centum pagos habere dicuntur, ex quibus quotannis singula milia armatorum bellandi causa ex finibus educunt. Reliqui, qui domi manserunt, se et illos alunt; hi rursus invicem anno post in armis sunt, illi domi remanent. Sic neque agricultura nec ratio atque usus belli intermittitur. Sed privati ac separati agri apud eos nihil est, neque longius anno remanere uno in loco colendi causa licet. Neque multum frumento, sed maximam partem lacte atque pecore vivunt multumque sunt in venationibus. Ea res et cibi genere et cotidiana exercitatione et libertate vitae ... vires alit et immani corporum magnitudine homines efficit. (Caes. Gall. IV, 1)

Vokabeln:

pagus (2) = Gau – rursus invicem (4) = wieder im Wechsel – ratio atque usus (6) = Theorie und Praxis – lac, -tis n. (8) = Milch – pecus, -oris n. (9) = Kleinvieh – venatio (9) = Jagd – immanis, -e (11) = ungeheuer.

Erster Leseschritt: Beziehungen der Satzteile untereinander

Sie denken doch noch an den großen Bogen, der sich über den lateinischen Satz wölbt, von *Subjekt* zu *Prädikat?* Diese Achse zu erkennen ist der allererste Schritt.

Ü 8

Unterstreichen Sie die *Subjekte* und *Prädikate* aller Sätze doppelt. Achten Sie darauf, daß ein *Prädikat* auch aus zwei oder mehreren Wörtern bestehen kann (z. B. *est longe maxima et bellicosissima* oder *habere dicuntur*).

Erinnern Sie sich daran, daß *Objekt* und *Prädikat* oft dicht beieinander stehen, daß eine enge Beziehung zwischen ihnen besteht.

Ü 9

Stellen Sie die Verbindung her zwischen *Objekt* und *Prädikat,* indem Sie sie mit Pfeilen verknüpfen.

Setzen Sie zu den angegebenen *Prädikaten* aus dem Text die Frage nach dem *Objekt* und die Antwort, die im Text durch das tatsächliche *Objekt* gegeben wird, in Tabellenform in Ihr Heft, wie im folgenden angegeben:

Prädikat	Frage nach dem/den Objekt(en)	Objekt
habere dicuntur	wen oder was sollen sie haben?	centum pagos

Zweiter Leseschritt: Sinneinheiten und Wortblöcke

Im nächsten Leseschritt, in dem Sinneinheiten und Wortblöcke im Satz erfaßt werden sollen, konzentrieren wir uns auf die *Nomina mit ihren Attributen* und auf die *Reihungen* im Satz.

Ü 10

Machen Sie im vorangegangenen Text die zusammengehörigen Gruppen durch kleine Ecken (⌞. . .⌟) sichtbar.

Zuletzt müssen noch die *adverbialen Bestimmungen (Adverbiale)* herausgefunden und ausgegrenzt werden. Übergehen Sie dabei großzügig zunächst schwer zuzuordnende Satzteile zugunsten solcher Passagen, die sich leicht gruppieren lassen. Wenn Sie den *Satzkern* und die *Objekt(e)* zweifelsfrei erkannt haben, müssen alle übrigen Wörter *freie Angaben* sein, die Sie nach und nach zuordnen können, wenn Sie erst einmal einen groben Überblick haben.

Ü 11

Schreiben Sie alle *Adverbialen* (*Adverbien, präpositionale Ausdrücke* usw.), die Sie im Text vorfinden, in eine Tabelle in Ihr Heft (wie angegeben) und übersetzen Sie diese:

Adverbiale	Übersetzung
bellandi causa	des Kriegführens wegen
⋮	⋮

Ü 12

Übersetzen Sie den Text!

Die großen Stolpersteine: A.c.i., die Partizipialkonstruktionen und die nd-Formen

Das Lateinische besitzt eine Reihe von Ausdrucksmöglichkeiten, die dem Deutschen fremd sind. Dazu gehören vor allem der **A.c.i.** *(Akkusativ mit Infinitiv)*, die **Partizipialkonstruktionen** *(Participium coniunctum* und *Ablativ mit Partizip)* und die **nd-Formen.** Sie sind im eigentlichen Sinn „unübersetzbar". Jede deutsche Übersetzung kann nur eine Annäherung an die lateinische Ausdrucksweise sein und führt uns meist schon weit in die Interpretation hinein.

Aber mit Hilfe unserer **Baupläne**, die wir auch bei den häufigsten Übersetzungsproblemen sichtbar machen wollen, lassen sich selbst scheinbar unübersichtliche und schwer entwirrbare Konstruktionen bewältigen.

- Gemeinsam ist den oben genannten Ausdrücken des Lateinischen, daß sie durch die Verbindung mit einer Verbform *(Partizip, Infinitiv* oder *nd-Form)* fast die Funktion eines Nebensatzes haben, obwohl sie nur als Satzglieder erscheinen.
- Man spricht deshalb auch von Zwischenformen zwischen Satzglied und Nebensatz, von *„satzwertigen Konstruktionen"*.
- Sie ermöglichen der lateinischen Sprache, eine Fülle von Informationen in einen einzigen Satz zu packen.
- Im Deutschen lösen wir diese gedrängte Ausdrucksweise zumeist in *Nebensätze* auf. Nur in wenigen einfachen Fällen ist eine dem Lateinischen ähnliche Konstruktion möglich.

Der Akkusativ mit Infinitiv (A.c.i.)

Funktion und Signale

Wie Sie vermutlich längst aus dem Schulunterricht wissen, übernimmt der **Akkusativ mit Infinitiv** (*accusativus cum infinitivo, A.c.i.*) im lateinischen Satz die Funktion des *Akkusativobjekts,* gelegentlich aber auch die des *Subjekts*. Durch den *Infinitiv* ist der *A.c.i.* zwar meist relativ leicht zu erkennen, in längeren Sätzen aber kann man oft nicht so einfach feststellen, was nun alles zum *A.c.i.* gehört. Deshalb gilt es, noch vor der Übersetzung den *A.c.i.* sorgfältig aus seinem Umfeld heraus zu lösen, zumal er im Deutschen sowieso als Nebensatz wiedergegeben wird.

Mustersatz:

Cicero Romanos animo forti magnas res peregisse docuit.

Der *A.c.i.* hat verschiedene **Signale.**
Das **erste Signal** ist zunächst einmal die *Wortbedeutung des übergeordneten Verbs*. Bei unserem Mustersatz ist das *übergeordnete Verb* **docuit.**

Welche Verben den *A.c.i.* immer „verlangen", können Sie aus dem Grammatischen Anhang ersehen und wiederholen.

Ü 1

Suchen Sie aus dem folgenden Text alle *Prädikate* heraus und tragen Sie sie mit deutscher Übersetzung in die 1. und 2. Spalte der Tabelle ein. In der 3. Spalte notieren Sie, ob das jeweilige *Prädikat* von der Bedeutung den *A.c.i.* bei sich hat.

Nach einem Unwetter besichtigte Caesar seine Flotte:

His rebus constitutis Caesar ad portum Itium cum legionibus pervenit. Ibi cognoscit LX naves, quae in Meldis factae erant, tempestate reiectas cursum tenere non potuisse. Eodem equitatus totius Galliae convenit numero milia quattuor principesque ex omnibus civitatibus. Ex quibus perpaucos relinquere in Gallia, reliquos secum ducere decreverat. (Caes. Gall. V, 5, 1–3, gekürzt)

Verb	deutsche Übersetzung	A.c.i. ja/nein

Das **zweite Signal** für den *A.c.i.* ist der *Infinitiv,* dessen Endungen meist relativ leicht auszumachen sind. Die *Tempora* der *Infinitive* drücken dabei immer das *Zeitverhältnis* zum *übergeordneten Verb* aus.

Die *Formen der Infinitive* sind im Grammatischen Anhang aufgeführt und können dort, falls Sie sie vergessen haben, wiederholt werden.

Überprüfen Sie Ihre Kenntnisse an der folgenden Übung.

Schreiben Sie aus dem Text der vorigen Übung die einem *A.c.i.* übergeordneten Verben heraus, dazu die *Infinitive* der *A.c.i.* Welches *Zeitverhältnis* ist durch die *Infinitive* zum *übergeordneten Verb* hergestellt?

übergeordnetes Verb	Infinitiv	Zeitverhältnis

Übersetzen Sie den Text!

Eine große Schwierigkeit, den *A.c.i.* zu erkennen, besteht oft darin, daß *esse* als *Infinitiv Präsens* oder als Bestandteil des *Infinitiv Perfekt Passiv* eines anderen Verbs weggelassen ist. Diese Auslassung *(Ellipse)* wird vor allem von Schriftstellern, die eine Vorliebe für eine gedrängte und prägnante Sprache haben, bevorzugt (z. B. von Sallust oder Tacitus).

Ü 3

Ergänzen Sie in dem folgenden Satz das im *A.c.i.* fehlende *esse* und übersetzen Sie anschließend.

Sallusts Urteil über die Gründe für die Größe Roms:

Ac mihi multa agitanti constabat paucorum civium egregiam virtutem cuncta patravisse, eoque factum, uti divitias paupertas, multitudinem paucitas superaret. (Sall. Catil. 53, 4)

Das **dritte Signal** ist der *Akkusativ des A.c.i.* Mit ihm sind allerdings einige Schwierigkeiten verbunden, da er nicht immer leicht auszumachen ist.

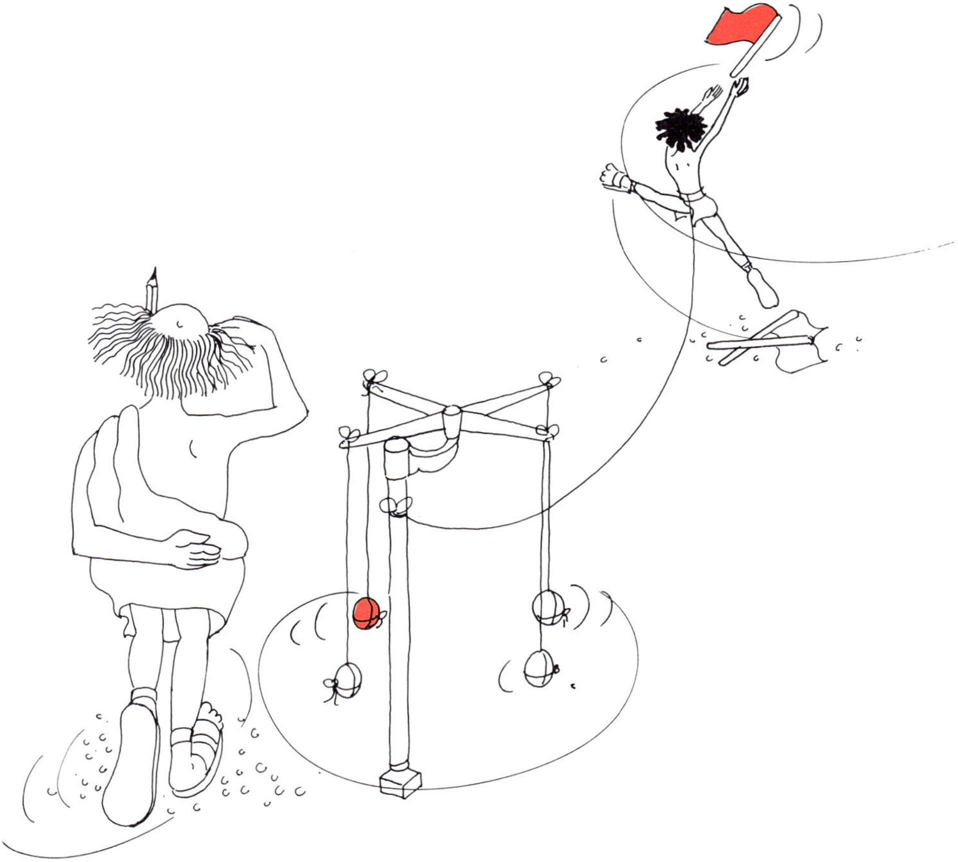

– Der *Akkusativ des A.c.i.* kann nämlich z. B. auch ein *Reflexivpronomen* sein. Allzu leicht übersieht man ein kleines *se* und schon fehlt ein wichtiger Bestandteil des *A.c.i.*

– Außerdem können sich *Reflexivpronomina* entweder auf das *Subjekt* des Satzes oder auf den *Akkusativ* des *A.c.i.* beziehen.

Unklarheiten entstehen vor allem bei längeren *A.c.i.*-Konstruktionen, z. B. in der indirekten Rede. Der richtige Bezug läßt sich oft erst bei der Übersetzung herstellen.

Ü 4

Hierzu eine Übung:

Fügen Sie in den folgenden Lückentext die (richtigen!) deutschen *Pronomina* ein:

Cicero berichtet über die Verwicklungen der Gallier in die Catilinarische Verschwörung:

Introducti autem Galli ius iurandum sibi et litteras ab Lentulo, Cethego, Statilio ad suam gentem datas esse dixerunt, ... Lentulum autem sibi confirmasse ex fatis Sibyllinis haruspicumque responsis se esse tertium illum Cornelium, ad quem regnum huius urbis atque imperium pervenire esset necesse. (Cic. Catil. III, 4, 9)

Nachdem die Gallier hereingeführt worden waren, sagten sie aus, daß .... ein Eid und ein Brief von Lentulus, Cethegus und Statilius an .... Volk gegeben worden sei, Lentulus aber habe .... versichert, daß nach den Sibyllinischen Orakeln und den Antworten der Opferschauer .... jener dritte Cornelius ...., an den die Königsherrschaft über diese Stadt und die Befehlsgewalt kommen müsse.

!

Die Schwierigkeiten mit den *Pronomina* generell (*is, ea, id; ille; se, sibi; hic, haec, hoc* usw.) hängen häufig mit der deutschen Ausdrucksweise zusammen. Das im Deutschen gebrauchte *Demonstrativ-* bzw. *Possessivpronomen* läßt oft nicht klar erkennen, wer eigentlich gemeint ist. Durch verdeutlichende Zusätze (*selbst, eigen, dieser* usw.) muß dann Klarheit geschaffen werden. Dies kann in der folgenden Übersetzung geübt werden.

Ü 5

Analysieren Sie zunächst den folgenden Satz, d. h. lösen Sie zuerst *Subjekt* und *Prädikat* aus dem Satz heraus und dann den *A.c.i.* Übersetzen Sie zuerst mit dem einfachen deutschen *Personalpronomen* (er, sie, es) bzw. *Possessivpronomen*. Versuchen Sie dann, durch verdeutlichende Zusätze die Bezüge klarzustellen.

Die Veneter beginnen, sich gegen Caesar aufzulehnen:
Ab his fit initium retinendi Silii atque Velanii et si quos intercipere potuerunt, quod per eos suos se obsides, quos Crasso dedissent, recuperaturos existimabant. (Caes. Gall. III, 8, 2)

Sie (die Veneter) machten den Anfang damit, Silius, Velanius und alle, deren sie habhaft werden konnten, festzuhalten, weil ________

____

____

____

Die Übersetzung des A.c.i.

Nachdem Sie nun die drei Signale des *A.c.i.* kennen, wollen wir uns den Vorgang des Übersetzens in ganz kleinen Schritten deutlich machen.

– Zuerst brauchen Sie Zeichen, um den *A.c.i.* aus dem Satz herauszuheben. Am besten unterstreichen Sie das *übergeordnete Verb* und grenzen den Anfang und das Ende des *A.c.i.* durch *spitze Klammern* ab:

  Dazu noch einmal unser Mustersatz:

  Cicero ⟨Romanos animo forti magnas res peregisse⟩ docuit.

– Dann überlegen Sie sich das Zeitverhältnis zwischen dem übergeordneten Verb und dem Infinitiv des *A.c.i.*

– Erst jetzt, und unter keinen Umständen vorher, können Sie an eine Übersetzung gehen.

Dabei gilt als eherne Regel:

R

> Der *A.c.i.* wird im Deutschen durch einen Nebensatz mit *daß* eingeleitet. Der *Akkusativ* des *A.c.i.* wird zum *Subjekt,* der *Infinitiv* zum *Prädikat.*

– Eine elegante deutsche Übersetzung sollte Ihre letzte Sorge sein.

☞ Unser Übungsbuch bietet im Grammatischen Anhang weitere Übersetzungsmöglichkeiten an.

Der A.c.i. als Baustein

Es wird Sie kaum überraschen, daß der *A.c.i.* als Satzteil nach einem ähnlichen geheimen Bauplan aufgebaut ist wie der gesamte lateinische Einzelsatz.

– Der *A.c.i.* ist in den Satz wie ein Baustein eingefügt und nur in gewissen Grenzen flexibel. Es gibt eine Normalstellung und nur wenige abweichende Varianten.

– Die Positionen von Akkusativ und Infinitiv innerhalb des *A.c.i.* sind, ähnlich wie die Stellung von Subjekt und Prädikat im Einzelsatz, weitgehend festgelegt.

– Der Bauplan des *A.c.i.* muß entschlüsselt werden, erst dadurch gewinnt man den nötigen Überblick und erhält die Reihenfolge, in der die Wörter übersetzt werden sollen.

Es lohnt also, sich sehr intensiv mit dem Bauplan des *A.c.i.,* wie er im folgenden erläutert wird, zu beschäftigen.

Die Normalstellung

Am häufigsten ist beim *A.c.i.* die **Rahmenstellung**: Der *Akkusativ* und der *Infinitiv* rahmen die dazugehörigen Satzglieder ein.

- Der *A.c.i.* seinerseits wird von *Subjekt* und *Prädikat* des übergeordneten Verbs eingerahmt. Das *A.c.i.*-Element läßt sich also schälen wie eine Zwiebel.

- Die Erklärung für diesen Einschluß des *A.c.i.* in den Gesamtsatz ergibt sich aus der *Funktion* des *A.c.i.*, der nichts anderes ist als ein *Akkusativobjekt*. Deshalb steht er *vor* dem *Prädikat*. Daraus ergibt sich folgender *Bauplan:*

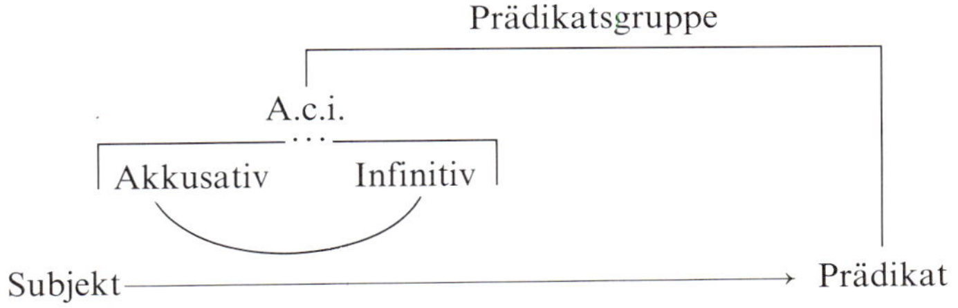

An unserem Mustersatz wollen wir das veranschaulichen:

Cicero ⟨Romanos animo forti magnas res peregisse⟩ docuit

Die Lesebewegung und damit der erste Schritt zur Übersetzung vollzieht sich analog zum bereits analysierten Einzelsatz:

- Den großen Rahmen bilden *Cicero* und das übergeordnete Prädikat *docuit*. Sie müssen zuerst übersetzt werden.
- *Romanos* und *peregisse,* die Hauptbestandteile des *A.c.i.*, kristallisieren sich als innerer Rahmen heraus, die gemäß der Grammatikregeln für den *A.c.i.* mit *daß* übersetzt werden.
- Die eingeschlossenen Ausdrücke *animo forti* und *magnas res* sind Umstandsbestimmung und Akkusativobjekt zum Infinitiv *peregisse*. Sie können erst zum Schluß übersetzt werden.

Die Übersetzung lautet also:

Cicero wies nach, daß die Römer durch Tapferkeit große Dinge durchgeführt haben.

In den folgenden Übungen lernen Sie, die *A.c.i.-Konstruktionen* auf Anhieb zu erkennen und mit den entsprechenden Anmerkungen zu kennzeichnen.

Ü 6

Lösen Sie also mit Hilfe ihrer Zeichen aus den folgenden Texten nur die *A.c.i.-Konstruktionen* heraus (unabhängig davon, ob es sich um *Haupt-* oder *Nebensätze* handelt): Markieren Sie mit eckigen Klammern das den *A.c.i.* regierende *Verb* (und ein evtl. dazugehöriges *Subjekt*) und klammern Sie die *A.c.i.-Konstruktion* ein. Unterstreichen Sie darin dann *Infinitiv(e)* und *Akkusativ(e)*.
Übersetzen Sie zum Schluß alle Texte!

1. Cicero zählt in der 3. Rede gegen Catilina die bisherigen Erfolge auf:

Rem publicam, Quirites, vitamque omnium vestrum, bona, fortunas, coniuges liberosque vestros atque hoc domicilium clarissimi imperii, fortunatissimam pulcherrimamque urbem hodierno die deorum immortalium summo erga vos amore, laboribus, consiliis, periculis meis e flamma atque ferro ac paene ex faucibus fati ereptam et vobis conservatam ac restitutam (esse) videtis. (Cic. Catil. III, 1, 1)

2. Die Opferschauer sagen schreckliches Unglück voraus, wenn die Götter nicht noch auf jede Weise beruhigt würden, um das Schicksal abzuwenden:

... haruspices ... caedes atque incendia et legum interitum et bellum civile ac domesticum et totius urbis atque imperii occasum appropinquare dixerunt, nisi di immortales omni ratione placati suo numine prope fata ipsa flexissent.
(Cic. Catil. III, 8, 19)

3. Als erste von den gallischen Stämmen entschließen sich die Carnuten zum Kampf gegen Caesar:

His rebus agitatis Carnutes se communis salutis causa nullum periculum recusare principesque ex omnibus bellum facturos pollicentur, ... (Caes. Gall. VII, 2, 1 mit Umstellungen)

4. Rascher Aufbruch Caesars:

Caesar praemisso equitatu confestim legiones subsequi iussit.
(Caes. Gall. V, 18, 4)

5. Menschenopfer bei den Galliern:

(Galli) supplicia eorum, qui in furto aut latrocinio aut aliqua noxia sint comprehensi, gratiora dis immortalibus esse arbitrantur.
(Caes. Gall. VI, 16, 5)

Jetzt dürfte es keine Probleme mehr geben, den Baustein des *normalen A.c.i.* (Rahmenstellung) aus dem Satz herauszulösen, oder?

Die Pseudoklammerstellung

Leider gibt es auch beim *A.c.i.* Abwandlungen von der Normalstellung. Da vor allem beim Sprechen bzw. Vorlesen der *A.c.i.* nicht unmittelbar erkennbar ist, wenn das *Verb* erst am Schluß steht, befinden sich *Subjekt* und *übergeordnetes Verb* oft schon am Anfang des Satzes. *Subjekt* und *Verb* bilden dann keine geschlossene Klammer mehr um den *A.c.i.*; man spricht deshalb von einer **Pseudoklammer.** Das geschieht vor allem dann, wenn das *Subjekt* bereits im *Verb* enthalten ist.

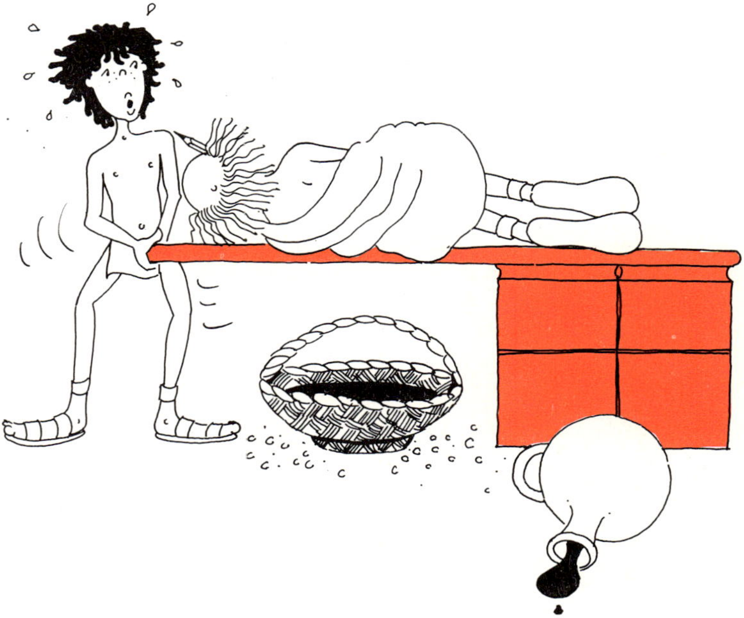

In unserem Modell sieht das dann folgendermaßen aus:

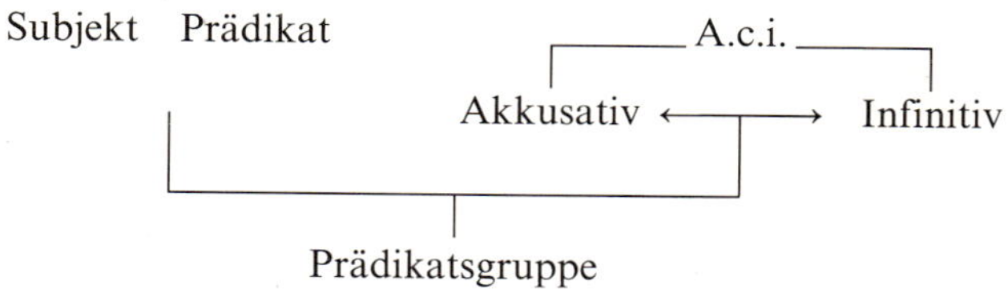

Auch unser Mustersatz kann danach umgestellt werden:

Cicero docuit ⟨Romanos animo forti magnas res peregisse.⟩.

Ü 7

Lösen Sie mit Hilfe der bereits bekannten Zeichen aus den folgenden Textstellen die *A.c.i.-Konstruktionen* heraus. Schreiben Sie die Hauptbestandteile der Konstruktion so auf, daß sie die **Normalstellung** annehmen.

Übersetzen Sie dann die beiden Texte!

1. Caesars Expedition nach Britannien geht beinahe „baden":

...equites a Quinto Atrio ad Caesarem venerunt, qui nuntiarent superiore nocte maxima coorta tempestate prope omnes naves adflictas atque in litus eiectas esse, quod neque ancorae funesque subsisterent, neque nautae gubernatoresque vim tempestatis pati possent. (Caes, Gall. V, 10, 2)

2. Der Provinzstatthalter Cicero schreibt an M. Cato in Rom über die Kriegsvorbereitungen der Parther im Euphratgebiet:

Cum ad me legati venissent iique mihi nuntiassent regis Parthorum filium ad Euphratem cum maximis Parthorum copiis multarumque praeterea gentium magna manu venisse Euphratemque iam transire coepisse dicique Armenium regem in Cappadociam impetum esse facturum, putavi pro nostra necessitudine me hoc ad te scribere oportere. (Cic. ad. fam. 15, 3)

Voranstellung oder Nachklappen eines Satzteils aus dem A.c.i.

Die bisher behandelten Stellungsregeln liefern das Grundmuster für den Gebrauch des *A.c.i.* Aber die Römer wären nicht die Römer, wenn sie nicht auch hier Variationen liebten. Sie setzen Abweichungen von dem gewohnten Schema ganz bewußt ein, um den Leser bzw. Hörer sozusagen im Geiste stolpern zu lassen, d. h. um seine Aufmerksamkeit ganz besonders auf denjenigen Teil des Satzes zu lenken, der durch seine Stellung von besonderer Bedeutung ist.

Das Prinzip ist eigentlich immer dasselbe: Ein Teil des *A.c.i.* wird aus der geschlossenen Stellung herausgenommen und an die betonten Stellen entweder an den **Anfang** oder an das **Ende des Satzes** gestellt. Das Satzglied ***klappt*** also ***nach*** oder setzt sich ***an die Spitze***.

In unserem Mustersatz wird ein einzelner Teil des *A.c.i.* hervorgehoben

- durch **Voranstellung**:

  Cicero ⟨animo forti Romanos magnas res peregisse⟩ docuit.

- durch **Nachklappen**:

  Cicero ⟨Romanos magnas res peregisse animo forti⟩ docuit.

Aber: Das **Nachklappen** eines Teiles des *A.c.i.* kommt nur sehr selten vor.

Wenn Sie sich den lateinischen Satzbauplan bisher gut eingeprägt haben, werden Sie in Zukunft auch solche relativ seltenen Abweichungen sicher erkennen.

Ü 8

Suchen Sie in den folgenden Sätzen den *A.c.i.* und das *regierende Verb* mit *Subjekt*.
Welche Abweichung von den oben entwickelten Stellungsregeln liegt vor: Voranstellung oder Nachklappen? Übertragen Sie die Ergebnisse in eine Tabelle und übersetzen Sie dann die Texte!

1. Der Glaube der gallischen Druiden:

Druides ... in primis hoc volunt persuadere non interire animas, sed ab aliis post mortem transire ad alios, atque hoc maxime ad virtutem excitari putant metu mortis neglecto. (Caes. Gall. VI, 14, 5)

2. Neque fas esse existimant ea litteris mandare, cum in reliquis fere rebus, publicis privatisque rationibus, Graecis utantur litteris. (Caes. Gall. VI, 14, 3)

3. Der Gott Merkur bei den Galliern:

Huius (sc. Mercurii) sunt plurima simulacra, hunc omnium inventorem artium ferunt, hunc viarum atque itinerum ducem, hunc ad quaestus pecuniae mercaturasque habere vim maximam arbitrantur. (Caes. Gall. VI, 17, 1)

4. Warum Caesar über den Rhein will:

... illa (causa) fuit iustissima, quod ... suis quoque rebus Germanos timere voluit. (Caes. Gall. IV, 16, 1)

Abschlußtest zum A.c.i.

Ü 9

Stellungsregeln:
Formulieren Sie nun (jeweils in einem kurzen Satz) die Regeln zu den drei Möglichkeiten, einen *A.c.i.* in einen Satz einzufügen!

a) **Normalstellung**: ______________________________

____

b) **Pseudoklammerstellung**: ______________________________

____

c) **Abweichung von der Normalstellung**: ______________________________

____

Ü 10

Bereiten Sie folgende Sätze für die Übersetzung vor, indem Sie den *A.c.i.* durch spitze Klammern vom Satzganzen abgrenzen und *Subjekt* und *übergeordnetes Verb* doppelt unterstreichen, den *Akkusativ* und den *Infinitiv* des *A.c.i.* unterstreichen Sie einfach. Wenn Sie auf diese Art und Weise Überblick gewonnen haben, übersetzen Sie!

1. Sallust über die Erfolge Roms:

Sciebam (populum Romanum) saepenumero parva manu cum magnis legionibus contendisse; cognoveram parvis copiis bella gesta cum opulentis regibus, ad hoc saepe fortunae violentiam toleravisse, facundia Graecos, gloria belli Gallos ante Romanos fuisse. (Sall. Catil. 53, 3)

2. Vor dem Kampf gegen Caesar rechnen sich die Veneter ihre Vorteile gegen die Römer aus:

Pedestria esse itinera concisa aestuariis, navigationem impeditam propter inscientiam locorum paucitatemque portuum sciebant; neque nostros exercitus propter frumenti inopiam diutius apud se morari posse confidebant; ac iam ut omnia contra opinionem acciderent, tamen se plurimum navibus posse, Romanos neque ullam facultatem habere navium neque eorum locorum, ubi bellum gesturi essent, vada portus insulas novisse; ac longe aliam esse navigationem in concluso mari atque in apertissimo Oceano perspiciebant. (Caes. Gall. III, 9, 4–6)

Partizipialkonstruktionen

Neben dem *A.c.i.* sind es im Lateinischen vor allem die **Partizipialkonstruktionen**, die es erlauben, in einem einfachen Satz eine Fülle von Informationen unterzubringen. *Partizipien* gibt es auch im Deutschen, doch ihr Gebrauch ist seltener. Meist werden sie als einfache *Attribute* gebraucht, z. B. ein lachendes Kind.

Im Lateinischen gibt es *zwei Formen von Partizipialkonstruktionen,* die unterschiedliche Funktionen im Satz einnehmen:

– Ähnlich wie im Deutschen hat das **Participium coniunctum**, das im folgenden Kapitel ausführlich erläutert wird, die Funktion eines *Attributes.*

– Die dem Lateinischen eigentümliche Form des *Ablativ mit Partizip (AmP),* des sog. **Ablativus absolutus** (siehe Kap. III.3), ist „absolut“, d. h. losgelöst vom Satzganzen, nur insofern, als er als freie Angabe die Stelle einer *adverbialen Bestimmung* einnimmt.

Ähnlich wie der *A.c.i.* unterscheiden sich auch die *Partizipialkonstruktionen* dadurch von einem *normalen* Satzglied (z. B. einem *adjektivischen Attribut*), daß sie

- ein *Zeitverhältnis zum Prädikat* herstellen,
- selbst wieder durch *Objekte, Adverbialen* usw. ergänzt und erweitert werden können.

Das war jetzt sehr viel Theorie und vielleicht etwas verwirrend. Sie sehen aber garantiert klarer, wenn Sie nun Schritt für Schritt die folgenden Texte durcharbeiten; mit einem Beispiel geht's gleich los:

Für die *Konstruktionen der Partizipien* im Lateinischen ist es wesentlich, daß es nur drei *Partizipien* gibt:

	vorzeitig	**gleichzeitig**	**nachzeitig**
Aktiv		laudans	laudaturus
Passiv	laudatus		

Ein gleichzeitiges Geschehen kann lateinisch nur im *Aktiv,* ein vorzeitiges nur im *Passiv* ausgedrückt werden. Die im Deutschen z. B. bestehende Möglichkeit des *Partizip Perfekt Aktiv* besteht lateinisch nicht. (Beispiel: Ins Haus getreten erkannte ich, daß alles von Dieben durchwühlt war.) Diese Unterschiede müssen für die Übersetzung genau beachtet werden.

Ausführlichere Informationen im Grammatischen Anhang.

Ü 11

Jetzt dürfte es nicht mehr allzu schwer sein, aus dem untenstehenden Caesartext *alle Partizipien* herauszusuchen und in die Tabelle die grammatische Bezeichnung und das *Zeitverhältnis* einzutragen, das durch diese *Partizipien* ausgedrückt wird!

Caesars Rheinübergang:

Diebus decem, quibus materia coepta erat comportari, omni opere effecto exercitus traducitur. Caesar ad utramque partem pontis firmo praesidio relicto in fines Sugambrorum contendit. Interim a compluribus civitatibus ad eum legati veniunt. Quibus pacem atque amicitiam petentibus liberaliter respondet obsidesque ad se adduci iubet. At Sugambri ex eo tempore, quo pons constitui coeptus est, fuga comparata hortantibus iis, quos ex Tenctheris atque Usipetibus apud se habebant, finibus suis excesserant suaque omnia exportaverant seque in solitudinem ac silvas abdiderant. (Caes. Gall. IV, 18)

Partizip	Gramm. Bezeichnung	Zeitverhältnis

Übersetzen Sie nun den Text!

Die durch *Objekte* und *Umstandsbestimmungen* erweiterten *Partizipialkonstruktionen* des Lateinischen bilden ähnlich wie der *A.c.i.* eine Zwischenform zwischen *Nebensatz* und *einfachem Satzglied.*

- Solche *Partizipialkonstruktionen* können im Deutschen durch einen *Nebensatz* wiedergegeben werden.
- Deshalb ist es ganz besonders wichtig, genau abzugrenzen, was zum *Partizip* – und damit in den deutschen *Nebensatz* – und welche Bestandteile in den deutschen *Hauptsatz* gehören.
- Wie grenzt man nun eine *Partizipialkonstruktion* ab? Das richtet sich jeweils nach ihrer Funktion im Satz und ist beim *Participium coniunctum* und beim *Ablativ mit Partizip* unterschiedlich.

Das Participium coniunctum

Da das *Participium coniunctum* die Stelle eine *Attributes* einnimmt, kann es im Prinzip als *Adjektiv* jedes *Nomen* des Satzes ergänzen.

- Im Gegensatz zu einfachen *Attributen* steht das *Partizip* jedoch (leider!) oft weit vom dazugehörigen *Nomen* entfernt.
- Erweiterte *Partizipialkonstruktionen* finden sich aber in der Regel nur beim *Subjekt* und beim *Akkusativobjekt.*

Als *Attribut* ist das *Participium coniunctum* eine *freie Angabe* im Satz, seine Abgrenzung erfolgt zunächst durch die Bestimmung der notwendigen Bestandteile des Satzes, wie wir dies im ersten Teil dieses Buches behandelt haben.

Ü 12

Vergegenwärtigen Sie sich die Regeln des Kapitels „Ars Legendi“ und wenden Sie sie mit Hilfe des untenstehenden Lückentextes auf folgenden Mustersatz an:

Itaque cives oppidum fortiter defendentes impetum reppulerunt.

Der Satzkern (*Subjekt* und *Prädikat*) besteht aus: -______________________________.

Das *Verbum* heißt auf deutsch: ______________________________ es ist ein

______________________________ wertiges *Verb* und erfordert daher

______________________________ *Objekt*(   ) in folgendem *Kasus:*

______________________________ Die *Prädikatsgruppe,* d. h. die enge Verbindung von

______________________________ und ______________________________,

lautet deshalb ______________________________ .

Wir haben hier das „Programm“, das in Ihrem Kopf zum Erfassen der *syntaktischen Struktur* des Satzes ablaufen muß, absichtlich noch einmal ganz ausführlich vorgeführt, um für die häufig sehr langen *Partizipialkonstruktionen* die Notwendigkeit der Abgrenzung zu verdeutlichen.

- Ohne die Berücksichtigung der Regel von der *Prädikatsgruppe* (das *Objekt* steht gewöhnlich direkt vor dem *Prädikat*) stünden Ihnen von der Endung, d. h. vom *Kasus* her, scheinbar zwei *Nomina* für das *Verbum* zur Verfügung, nämlich *oppidum* und *impetum.*
- Nach der richtigen Bestimmung der *notwendigen Satzglieder* bleibt die *Partizipialkonstruktion* sozusagen „übrig“, sie schält sich wie besagte Zwiebel heraus.

Die Übersetzung des Participium coniunctum

Wie wird das *Participium coniunctum* nun übersetzt? Zunächst einmal muß es gekennzeichnet werden im Satz. Dazu empfehlen wir, es mit dem Zeichen hervorzuheben, das allgemein für die *Kennzeichnung des Attributs* (das *Participium coniunctum* wird ja als *Attribut* gebraucht!) verwendet wird: ⌊   ⌋ (vgl. S. 7).

Unser Mustersatz sieht dann folgendermaßen aus:

Itaque ⌊cives oppidum fortiter defendentes⌋ impetum reppulerunt.

Als Grundregel für die deutsche Übersetzung gilt:

Das *Participium coniunctum* wird durch einen deutschen *Relativsatz* wiedergegeben.

Unser Mustersatz lautet dann:

Deshalb schlugen die Bürger, die die Stadt tapfer verteidigten, den Angriff zurück.

Eine Ausnahme von dieser Regel ist nur dann notwendig, wenn kein *Bezugswort* zum *Partizip* vorhanden ist, weil es z. B. bereits im *Verb* enthalten ist. In diesem Fall kann das *Bezugswort* oder ein *Pronomen* entweder für einen deutschen *Relativsatz* ergänzt werden oder es empfiehlt sich ein *Temporalsatz* (als, nachdem, während). Beachten Sie dabei immer das *Zeitverhältnis!*

Ü 13

Übersetzen Sie dazu nun den abgewandelten Mustersatz:

Itaque oppidum fortiter defendentes fame laborabant.

Eine treffendere oder besonders elegante deutsche Übersetzung sollte immer erst dann erfolgen, wenn Sie das Satzganze voll im Griff haben.

Ausführlichere Informationen im Grammatischen Anhang.

Das Participium coniunctum als Baustein

Auch das *Participium coniunctum* ist ein wichtiger Baustein in unserem lateinischen Satzbauplan. Wo dieser Baustein überall eingefügt werden kann, werden wir uns jetzt einmal ganz genau ansehen.

Die Normalstellung

Die Schwierigkeiten beim Abgrenzen der *Partizipialkonstruktionen* wurden ja bereits erwähnt. Erleichtert wird es durch die Wortstellung der *Partizipialkonstruktion* selbst. Am häufigsten ist die sogenannte **Rahmen- oder Klammerstellung**:

R

Bezugswort und *Partizip* rahmen die Satzglieder, die vom *Partizip* abhängen, ein.

Diese Rahmen- oder Klammerstellung wird deshalb ganz einfach **Normalstellung** genannt.

Hier ein Beispiel für die **Normalstellung des Participium coniunctum**

– beim *Subjekt:*

Itaque ⌊cives oppidum fortiter defendentes⌋ fame laborabant.

– beim *Objekt:*

Itaque cives frustra ⌊auxilium diu a sociis promissum⌋ exspectabant.

Wie wichtig es ist, bei der Übersetzung die Wortstellung genau zu beachten, zeigt vor allem der zweite Mustersatz: Wenn Sie die *adverbiale Bestimmung* **diu** aus der *Partizipialkonstruktion* herausnehmen und in den deutschen *Hauptsatz* einfügen, verändert sich der Sinn vollständig, denn richtig lautet die Übersetzung:

Deshalb erwarteten die Bürger vergebens die Hilfe, die von den Bundesgenossen lange versprochen worden war.

Ziehen Sie das „lange" dagegen in den Hauptsatz, entsteht der Eindruck, daß die Hilfe doch noch kam.

Ü 14

In den folgenden Sätzen sind die *Partizipien* des *Participium coniunctum* unterstrichen. Suchen und unterstreichen Sie das *Bezugswort* und grenzen Sie die *Partizipialkonstruktion* mit Hilfe ihrer Zeichen ab.
Übersetzen Sie zum Schluß.

1. Der Kampf in Britannien beginnt:

At barbari reliquis copiis subsecuti nostros navibus egredi prohibebant. (Caes. Gall. IV, 24, 1)

2. Cicero droht Catilina:

Catilinam orbem terrae caede atque incendiis vastare cupientem nos consules perferemus? (Cic. Cat. I, 1, 3)

Die Pseudoklammerstellung

Die „klassische" Klammerstellung ist aber natürlich nicht die einzige Form, in der das *Participium coniunctum* auftaucht. Eine Abwandlung der Normalstellung, die besonders bei Caesar beliebt ist, bezeichnen wir als **Pseudoklammerstellung**.

- Die Klammer wird dabei durch den *Satzanfang* und das *Partizip* gebildet.
- Oft steht das *Bezugswort* direkt neben dem *Partizip* und markiert sozusagen doppelt das Ende der *Partizipialkonstruktion.*
- Die **Pseudoklammerstellung** kommt aber vor allem dann vor, wenn das *Bezugswort* fehlt.

Itaque ⌊oppidum fortiter defendentes cives⌋ fame laborabant.

Das weit nach hinten gerückte *Subjekt* und das *Partizip* teilen den Satz wie eine Barriere in zwei Teile.
Damit wird auch die Wirkung verdeutlicht, die durch diese **Pseudoklammerstellung** erreicht werden kann:

An den im lateinischen Satz besonders betonten Satzanfang kann der Teil des *Participium coniunctum* treten, der dem Autor besonders wichtig erscheint. Die Barriere aus *Bezugswort* und *Partizip* gibt dem ganzen noch einmal Nachdruck.

In den nachfolgenden Übungen wird dieses Prinzip verdeutlicht.

Ü 15

Auch in dem folgenden Text sind die *Partizipien* der *Participia coniuncta* unterstrichen.

Suchen Sie das jeweilige Bezugswort und grenzen Sie die *Partizipialkonstruktion* ab. Übersetzen Sie dann die Sätze.

Die Römer schlagen die Remer zurück, die einen Fluß überqueren und eine römische Befestigung erobern wollen:

Hostes impeditos nostri in flumine adgressi magnum eorum numerum occiderunt: per eorum corpora reliquos audacissime transire conantes multitudine telorum reppulerunt primosque, qui transierant, equitatu circumventos interfecerunt. (Caes. Gall. II, 10, 3)

Ü 16

Lösen Sie aus den folgenden Texten die *Partizipialkonstruktion* heraus und versuchen Sie, sie in Ihrem Arbeitsheft in Normalstellung zu bringen.
In welchen Fällen ist dies nicht möglich und warum?

1. Die Briten erschrecken über die merkwürdigen Invasoren auf ihrer Insel:

Nam et navium figura et remorum motu et inusitato genere tormentorum permoti barbari constiterunt. (Caes. Gall. IV, 25, 2)

2. Die Briten wählen nach dem Auftauchen der Römer Cassivelaunus zu ihrem Führer:

Sed nostro adventu permoti Britanni hunc toti bello imperioque praefecerant. (Caes. Gall. V, 11, 9)

3. Schwierigkeiten bei der Landung Caesars in Britannien:
Hunc ad egrediendum nequaquam idoneum locum arbitratus, dum reliquae naves eo convenirent, ad horam nonam in ancoris exspectavit. (Caes. Gall. IV, 23, 4)

4. Quibus rebus nostri perterriti atque huius omnino generis pugnae imperiti non eadem alacritate et studio, quo in pedestribus uti proeliis consueverant, utebantur. (Caes. Gall. IV, 24, 4)

5. Kaiser Claudius über den Beitrag der Nichtrömer zur Größe Roms:

Iam moribus artibus adfinitatibus nostris mixti aurum et opes suas inferant potius quam separati habeant. (Tac. ann. XI, 24)

Eine **Abwandlung** der bisher besprochenen *Pseudoklammerstellung* liegt in dem folgenden Satz Ciceros vor; die *Partizipialkonstruktion* wird dabei durch das *Partizip* und das *Satzende* markiert.

6. Cicero über diejenigen, die sich nicht zum Staatsdienst berufen fühlen:

In his et nobilissimi philosophi et quidam homines severi et graves nec populi nec principum mores ferre potuerunt vixeruntque non nulli in agris delectati re sua familiari. (Cic. off. 1, 20, 69)

Voranstellung oder Nachklappen eines Satzteiles beim Participium coniunctum

Ähnlich wie wir dies bereits beim *A.c.i.* aufgezeigt haben, wird manchmal auch beim *Partizip* die Klammerstellung bewußt aufgebrochen, um ein oder mehrere Wörter besonders zu betonen.

– Ein Teil der *Partizipialkonstruktion,* z. B. das zum *Partizip* gehörige *Objekt,* wird dem *Partizip* nachgestellt.

- Für den Römer war dieses – im Deutschen ja ausgesprochen verpönte – **Nachklappen** ein bewußt eingesetztes Stilmittel und leicht erkennbar.

- Wenn man nicht sehr viel Routine hat, ist es für den Nichtlateiner unmöglich, nur durch richtiges Lesen den Zusammenhang zu erfassen. Aber auch hierfür gibt es Regeln, wie Sie gleich sehen. Zunächst aber unser wiederum abgewandelter Mustersatz;

- **Voranstellung:**

  Itaque oppidum ⌊cives fortiter defendentes⌋ fame laborabant.

- **Nachklappen:**

  Itaque ⌊cives fortiter defendentes⌋ oppidum fame laborabant.

Wenn also die *Begrenzung* des *Partizipialausdrucks* nach den bisher aufgezeigten Regeln nicht eindeutig erkennbar ist, bzw. wenn bei Ihrer Satzanalyse noch Wörter übrig bleiben, dann gilt folgende Regel:

R

- Behandeln Sie das *Partizip* wie ein *vollwertiges Verb,* d. h. als *Prädikat eines Nebensatzes,* in den es ja auch im Deutschen verwandelt wird.
- Erfragen Sie von der Bedeutung her die *notwendigen Ergänzungen.*
- Freie Angaben können erst danach vom Sinn des Satzganzen zugeordnet werden. **Nachklappen** oder **Voranstellung** von freien Angaben ist jedoch beim *Participium coniunctum* äußerst selten.

Ü 17

Suchen Sie in den folgenden Texten von der Übersetzung des *Partizips* ausgehend die *notwendigen Ergänzungen* zusammen; stellen Sie eine *Klammerstellung* her. Übersetzen Sie anschließend!

1. Cicero hält Catilina vor, wie man früher mit Staastfeinden verfahren ist:

An vero amplissimus P. Scipio, pontifex maximus, Ti. Gracchum mediocriter labefactantem statum rei publicae privatus interfecit. (Cic. Catil. I, 1, 3).

2. Caesar bricht nach Britannien auf:

His constitutis rebus nactus idoneam ad navigandum tempestatem tertia fere vigilia naves solvit equitesque in ulteriorem portum progredi et naves conscendere et se sequi iussit. (Caes. Gall. IV, 23, 1)

3. Nach einigem Zögern gehen die römischen Soldaten in Britannien an Land:

Tum nostri cohortati inter se, ne tantum dedecus admitteretur, universi ex navi desiluerunt. (Caes. Gall. IV, 25, 5)

Partizipialkonstruktionen in anderen Kasus

Mit Ihrem nun ganz aufs „Abgrenzen“ geschulten Auge werden Sie inzwischen ohne Schwierigkeiten auch diejenigen *Partizipien* erkennen und auflösen können, die nicht zum *Subjekt* bzw. *Akkusativobjekt* gehören. Sie sind meistens nicht stark erweitert, in der Regel nur durch *ein Objekt*.

Ü 18

In den folgenden Texten sind *Partizipien* unterstrichen.

Grenzen Sie die *Partizipialkonstruktion* ab und schreiben Sie sie in Ihr Arbeitsheft.
Notieren Sie daneben, durch welche *Satzteile* das *Partizip* erweitert ist (z. B. *Akk.Objekt*).
Welche Wortstellung liegt vor (z. B. *Klammerstellung*)?
Übersetzen Sie dann alle Sätze!

1. Cicero stellt die bange Frage, welche angemessene Laufbahn für den hochbegabten Brutus – unter den schwierigen politischen Bedingungen – überhaupt noch möglich ist:

Nam mihi, Brute, in te intuenti crebro in mentem venit vereri, ecquoddam curriculum aliquando sit habitura tua et natura admirabilis et exquisita doctrina et singularis industria. (Cic. Brut. 6, 22)

2. Cicero über die Menschen und die politischen Bedingungen, bei denen Interesse für die Redekunst nicht aufkommt bzw. aufkommen kann:

Nec enim in (sc. hominibus) constituentibus rem publicam nec in bella gerentibus nec in impeditis ac regum dominatione devictis nasci cupiditas dicendi solet: pacis est comes otiique socia et iam bene constitutae civitatis quasi alumna eloquentia. (Cic. Brut. 12, 45)

3. Kaiser Claudius nennt die Vorteile, die die Verleihung des Bürgerrechts an die Provinzialen gebracht hat:

Tunc solida domi quies; et adversus externa floruimus, cum Transpadani in civitatem recepti, cum specie deductarum per orbem terrae legionum additis provincialium validissimis fesso imperio subventum est. (Tac. ann. XI, 24)

Der Ablativ mit Partizip (AmP)

Ähnlich wie beim *Participium coniunctum* erkennt man den *Ablativ mit Partizip* durch das Prinzip der *Ausgrenzung,* d. h. durch die Bestimmung aller *notwendigen Bestandteile* des Satzes, wodurch dann der *AmP* als freie Angabe sozusagen übrigbleibt. Die Ausgrenzung des *AmP* ist aber leichter als beim *Participium coniunctum:*

- Beim *AmP* ist immer ein *Bezugswort* zum *Partizip* vorhanden.
- Durch den *Ablativ* kann man die ganze Konstruktion *(AmP)* meist ohne Schwierigkeiten erkennen; sie „sticht" sozusagen ins Auge.

Die Übersetzung des AmP

Da der *AmP* die Stelle eines *Adverbials* im lateinischen Satz einnimmt, verwenden Sie zur Abgrenzung auch das entsprechende Zeichen, nämlich eine eckige Klammer (s. S. 7).

Unser Mustersatz sieht dann so aus:

[Hoc oppido a civibus fortiter defenso] hostes se receperunt.

Als Grundregel für die deutsche Übersetzung gilt:

Der *Ablativ mit Partizip* wird durch einen deutschen *Temporal-* (als, während, nachdem) oder *Kausalsatz* (weil, da) wiedergegeben. Bei der Übersetzung muß das *Zeitverhältnis zum Prädikat* genau beachtet werden.

Die Übersetzung unseres Mustersatzes lautet dann:

Da die Stadt von den Bürgern tapfer verteidigt worden war, zogen sich die Feinde zurück.

Weil das Lateinische für die Vorzeitigkeit nur *ein Partizip im Passiv* besitzt, ist eine wörtliche deutsche Übersetzung oft recht schwerfällig. Eine Umwandlung ins *Aktiv* ist aber nur dann möglich, wenn man sich genau darüber im klaren ist, wer oder was das *Subjekt der Handlung* ist. Das muß oft erst aus dem Kontext ergänzt werden. Lassen Sie im Zweifelsfall lieber die schwerfällige *Passivform* stehen.

Ü 19

Versuchen Sie aber jetzt trotzdem einmal, die Übersetzung des *AmP* in unserem Mustersatz ins *Aktiv* umzuwandeln. Wie lautet der ganze Satz?

Der AmP als Baustein

Der AmP als Überleitung und Adverbiale

Da der *AmP* im lateinischen Satz wie eine *adverbiale Bestimmung* behandelt wird, kann er wie diese auch verschiedene Aufgaben im Satz übernehmen.

- Als *Überleitung* steht er am Satzanfang und stellt eine logische Verbindung zum vorherigen Satz bzw. zum Gesamtkontext her. Der *AmP* faßt in dieser Funktion bereits bekannte Informationen zusammen bzw. greift sie noch einmal auf.
- Als *Adverbiale* gibt der *AmP* eine neue, zusätzliche Information zur Hauptaussage des Satzes. In dieser Funktion steht der *AmP* in der Satzmitte vor der Prädikatsgruppe.
- Als dritte Variante hat der *AmP* häufig die Funktion einer *erweiterten Überleitung*. Das bedeutet, daß der *AmP* nach einem kurzen Überleitungswort eine zusätzliche Information als Vorbereitung auf die Hauptaussage gibt.

Unser Mustersatz kann also folgendermaßen aussehen:

Der *Ablativ mit Partizip* als:

- **Überleitung**

  [Hoc oppido a civibus fortiter defenso] hostes se receperunt.

- **Adverbiale**

  Tum hostes [oppido a civibus fortiter defenso] se receperunt.

- **Erweiterte Überleitung**

  Tum [oppido a civibus fortiter defenso] hostes se receperunt.

Ü 20

Im folgenden sind einige Kapitelanfänge aus Caesars Bellum Gallicum zusammengestellt. Übersetzen Sie diese Kapitelanfänge mit einem deutschen *Nebensatz*. Achten Sie dabei auf die *Zeitverhältnisse*. Durch welche Wörter wird die *Anknüpfung* an bereits Gesagtes besonders hervorgehoben?

Hac oratione habita ... (Caes. Gall. I, 41, 1)

Cognito Caesaris adventu ... (ebd. 42, 1)

Hoc proelio trans Rhenum nuntiato ... (ebd. 54, 1)

Ea re constituta ... (ebd. II, 11, 1)

Ü 21

In den folgenden Texten sind die *Ablative mit Partizip* abgegrenzt. Überlegen Sie anhand der *Stellung* im Satz, welche *Funktion* der *AmP* einnimmt. Notieren Sie das Ergebnis hinter den Texten.

Übersetzen Sie dann die Texte.

1. Die Reaktion der Mitverschworenen auf Catilinas Vorschlag, Cicero aus dem Weg zu räumen:

Igitur [perterritis ac dubitantibus ceteris] C. Cornelius eques Romanus operam suam pollicitus et cum eo L. Vargunteius senator constituere (= constituerunt) ea nocte paulo post cum armatis hominibus sicuti salutatum introire ad Ciceronem ac de improviso domi suae imparatum confodere. (Sall. Catil. 28, 1)

2. Tacitus begründet, warum er die Germanen für Ureinwohner hält:

Quis porro, praeter periculum horridi et ignoti maris, [Asia aut Africa aut Italia relicta] Germaniam peteret, informem terris, asperam caelo, tristem cultu aspectuque, nisi si patria sit? (Tac. Germ. 2)

3. Ohne den Feldherrn Fabius Valens werden die Truppen des Vitellinus im Jahre 68 n. Chr. leicht eine Beute des Feindes:

[Disgresso Valente] trepidos, qui Ariminum tenebant, Cornelius Fuscus [admoto exercitu et missis per proxima litora Liburnicis (sc. navibus)] terra marique circumvenit. (Tac. hist. III, 42, 1)

4. Die Gefangennahme des Valens bedeutet den Anfang vom Ende für Vitellius:

[Capto Valente] cuncta ad victoris opes conversa (sc. sunt), [initio per Hispaniam a prima Adiutrice legione orto], quae memoria Othonis infensa Vitellio decimam quoque ac sextam traxit. (Tac. hist. III, 44, 1)

Die Normalstellung

Entgegen seinem Ruf als böser Stolperstein läßt sich der *AmP* meist recht gut erkennen, weil die Rahmen- bzw. Klammerstellung sehr oft eingehalten ist. Das *Bezugswort im Ablativ* und das *Partizip* rahmen die dazugehörigen Teile ein. In dieser **Normalstellung** ist Ihnen unser Mustersatz nun schon bekannt:

Tum [oppido fortiter a civibus defenso] hostes se receperunt.

Ü 22

In den Texten der vorangegangenen Übung ist in allen Fällen die Normalstellung des *AmP* eingehalten. Dennoch gibt es einen Unterschied in der Stellung von *Partizip* und *Bezugswort*. Ordnen Sie in Ihrem Arbeitsheft alle *Partizipialkonstruktionen* nach dem Vorbild des Mustersatzes.

Die Pseudoklammerstellung

Ähnlich wie beim *Participium coniunctum* ist auch beim *AmP* die **Pseudoklammerstellung** die häufigste Abwandlung der Satzstellung; die Klammer wird dabei durch Satzanfang bzw. -ende und durch das *Partizip* bzw. das *Bezugswort* gebildet.

- Um die *Barriere* zwischen Hauptaussage und *AmP* zu verstärken, stehen *Partizip* und *Bezugswort* häufig nebeneinander.

- Bei Endstellung des *AmP* dagegen steht das *finite Verb* oft vor der *Partizipialkonstruktion*.

Hier jeweils ein Beispiel zu:

- Pseudoklammerstellung am Satzanfang:

  [Fortiter a civibus oppido defenso] hostes se receperunt.

- Pseudoklammerstellung am Satzende:

  Hostes se receperunt [defenso oppido a civibus fortiter.]

Ü 23

Grenzen Sie in den folgenden Sätzen den *AmP* durch eine eckige Klammer ab. Unterstreichen sie *Partizip* und *Bezugswort*. Welche Stellung liegt jeweils vor?

Satz	Partizip	Bezugswort	Stellung des AmP
1			
2			
3			

Übersetzen Sie die Texte!

Der Rheinübergang Caesars:

Diebus decem, quibus materia coepta erat comportari, omni opere effecto exercitus traducitur. (Caes. Gall. IV, 18, 1)

Die Briten versammeln größere Truppen, nachdem sie Cassivellaunus den Oberbefehl übertragen haben:

Eo cum venisset (sc. Caesar), maiores iam undique in eum locum copiae Britannorum convenerant summa imperii bellique administrandi communi consilio permissa Cassivellauno, cuius fines a maritimis civitatibus flumen dividit, quod appellatur Tamesis, a mari circiter milia passum LXXX. (Caes. Gall. V, 11, 8)

Die germanischen Männer legen sich, wenn sie nicht gerade Kriege führen, auf die faule Haut:

Quotiens bella non ineunt, multum venatibus, plus per otium transigunt, dediti somno ciboque, fortissimus quisque ac bellicosissimus nihil agens, delegata domus et penatium et agrorum cura feminis senibusque et infirmissimo cuique ex familia. (Tac. Germ., XV)

Voranstellung oder Nachklappen eines Bestandteils des AmP

Eine weitere Abwandlung von der normalen Satzstellung ist die **Voranstellung** oder das **Nachklappen** eines Bestandteils des *AmP*. Diese Konstruktionen, die Sie ja bereits beim *A.c.i.* und beim *Participium coniunctum* kennengelernt haben, kommen allerdings beim *AmP* nur sehr selten vor. Trotzdem sollten Sie diese Formen erkennen können.

Unser Mustersatz kann also auch folgende Formen annehmen:

Tum [oppido fortiter defenso] a civibus hostes se receperunt.

Tum a civibus [oppido fortiter defenso] hostes se receperunt.

Wenn es Ihnen beim Lesen nicht gelingt, die zum *AmP* gehörigen Bestandteile klar abzugrenzen, dann gelten ähnlich wie beim *Participium coniunctum* folgende Regeln:

R

- Zuerst grenzen Sie die Hauptaussage des Satzes vom Prädikat her ab.
- Dann erfragen Sie von der Bedeutung des Partizips her die notwendigen Ergänzungen.

!

Wenn dann noch *freie Angaben,* z. B. *adverbiale Bestimmungen,* nicht eindeutig zuzuordnen sein sollten, so kann dies auch eine Frage der Textinterpretation sein. Sie müssen sich aber ganz genau im klaren darüber sein, daß es sich nicht um einen *notwendigen Satzteil* (z. B. ein *Objekt*) handelt!

Der folgende Satz ist ein Beispiel dafür, daß die Zuordnung manchmal nur vom Sinn des Satzganzen her möglich ist, manchmal sogar nur durch den Kontext ermöglicht wird, und somit weitgehend ein Interpretationsproblem darstellt.

Der Adlerträger der 10. Legion spricht während der Landung in Britannien ein Stoßgebet:

At nostris militibus cunctantibus maxime propter altitudinem maris, qui decimae legionis aquilam ferebat, obtestatus est deos, ut ea res legioni feliciter eveniret ... (Caes. Gall. IV, 25, 3 gekürzt)

Ü 24

Analysieren Sie diesen Satz durch Beantwortung der folgenden Fragen:

Das *Prädikat* ______________________ (dt.: ______________________)

ist __________ -wertig und hat daher folgende(s) *Objekt(e)*: ______________________

____

Das *Subjekt* lautet: ______________________

Das *Partizip* ______________________ (dt.: ______________________)

ist __________ -wertig und hat daher folgende(s) *Objekt(e)*: ______________________

Überleitung: ______________________

Adverbiale(n): ______________________

Ü 25

Übersetzen Sie den Satz zunächst so, daß die freien Angaben im Hauptsatz, und dann so, daß sie im Nebensatz stehen.

Häufung von Partizipialkonstruktionen

Schon in der Einleitung wurde erwähnt, daß die Partizipialkonstruktionen eine höchst gedrängte Ausdrucksweise ermöglichen. Sie werden deshalb in amtlichen Schriften verwendet *(Amtslateinisch)*, und Caesar verwendet sie gern, um seinen *commentarii* den Stil eines sachlichen Berichts zu geben.

Diese knappe Ausdrucksweise kann aber vor allem bei einer Häufung von *Partizipialkonstruktionen* auch eine ganz andere Funktion haben: Es entsteht dadurch fast ein Eindruck von Hast, der panische Angst, überschäumende Freude, gebieterische Härte o. ä. sprachlich „untermalen" kann.

Um solche emotionalen Wirkungen zu erzielen, werden häufig auch *Participium coniunctum* und *AmP* verbunden.
Merke: Ein *Partizip* kommt selten allein!

Abschlußübung zur Entspannung

Ü 26

Unterstreichen Sie in den folgenden Texten alle *Partizipien*.

Lesen Sie dann die Texte laut und machen Sie nach jedem Schrägstrich eine kleine, bei zwei Schrägstrichen eine große Pause.

Welcher Eindruck soll beim Leser (Hörer!) durch die Häufung der *Partizipialkonstruktionen* erweckt bzw. verstärkt werden? Orientieren Sie sich dabei an der Überschrift!

Wählen Sie unter folgenden Möglichkeiten und tragen Sie Ihre Vermutung nach jedem Satz ein: Verwirrung, Panik, Angst, Hast, Effizienz, Korrektheit, Zuspitzung des Geschehens, ...

Scheuen Sie sich nicht, lauthals zu deklamieren!

Übersetzen Sie dann alle Texte!

1. Caesar bricht nach Britannien auf:

His (sc. legatis) dimissis/ et ventum et aestum uno tempore nactus secundum/ dato signo/ et sublatis ancoris/ circiter milia passuum septem ab eo loco progressus// aperto ac plano litore naves constituit. (Caes. Gall. IV, 23, 6)

2. Die Germanen, die nach Gallien eingedrungen waren, werden in einem Überraschungsangriff von den Römern überrannt:

Germani/ post tergum clamore audito/ cum suos interfici viderent,/ armis abiectis/ signisque militaribus relictis/ se ex castris eiecerunt, et cum ad confluentem Mosae et Rhenum pervenissent,/ reliqua fuga desperata/ magno numero interfecto/ reliqui se in flumen praecipitaverunt atque ibi timore/, lassitudine/, vi fluminis oppressi// perierunt. (Caes. Gall. IV, 15, 1)

3. Caesars kurzer Aufenthalt in Germanien:

Caesar// paucos dies in eorum finibus moratus/ omnibus vicis aedificiisque incensis/ frumentisque succisis/ se in fines Ubiorum recepit atque his auxilium suum pollicitus/, si a Suebis premerentur//, haec ab iis cognovit ... (Caes. Gall. IV, 19, 1)

4. Nach dem Raub der Sabinerinnen wird der Kampf auf seinem Höhepunkt von den Frauen beendet:

Iam a principio/, regnante Romulo/, cum Capitolio ab Sabinis capto/ medio in foro signis collatis/ dimicaretur, nonne intercursu matronarum inter acies duas proelium sedatum est? (Liv. XXXIV, 5, 8)

5. Tum Sabinae mulieres, quarum ex iniuria bellum ortum erat//, crinibus passis/ scissaque veste/ victo malis muliebri pavore// ausae sunt se inter tela volantia inferre ... (Liv. I, 13)

Die nd-Formen

Auch die sogenannten *nd-Formen, Gerundium* und *Gerundivum,* haben meist keine direkte Entsprechung im Deutschen. Für eine sinnvolle Übertragung ins Deutsche ist es nicht so wichtig zu wissen, ob es sich bei der *nd-Form* um ein *Gerundium* oder *Gerundiv* handelt, sondern darum, die unterschiedlichen *syntaktischen Funktionen* unterscheiden zu können:

- *nd-Formen* können – nur im *Singular* – die Funktion eines *Substantivs* einnehmen. Sie können *Objekte* und *Adverbiale* bei sich haben.

- Als *Substantiv* kommen die *nd-Formen* aber nur im *Genitiv, Ablativ* und mit den *Präpositionen causa, gratia* (um willen, wegen), *in* und *ad* vor.

- Als *Adjektive* sind die *nd-Formen* wie jedes andere *Adjektiv* in *Kasus, Numerus* und *Genus* mit dem dazugehörigen *Substantiv* kongruent. Auch als *Adjektive* können die *nd-Formen* durch *Objekte* und *Adverbialen* erweitert werden (das unterscheidet sie von *normalen Adjektiven*).

- In Verbindung mit *esse* bilden die *nd-Formen* das *Prädikat.*

Ü 27

Unterstreichen Sie in den folgenden Texten die *nd-Formen.* Bestimmen Sie, ob es sich bei der jeweiligen Form um ein *Adjektiv* (Kongruenz!), um ein *Prädikat* (Verbindung mit einer Form von esse) oder um ein *Substantiv* handelt.
Übersetzen Sie dann alle Texte!

1. Nachdem Cicero mit seiner Rede gegen Catilina zuerst alle auf seiner Seite hatte, kann Caesar wieder einen Teil der Senatoren umstimmen:

Postquam Caesar dicendi finem fecit, ceteri verbo alius alii varie adsentiebantur. (Sall. Catil. 52, 1)

2. Der rasche Machtzuwachs der Römer liegt nach Sallusts Meinung vor allem daran, daß sie Freunden und Bundesgenossen immer Hilfe gebracht haben:

Post, ubi pericula virtute propulerant, sociis atque amicis auxilia portabant, magisque dandis quam accipiundis beneficiis amicitias parabant. (Sall. Catil. 6, 5)

3. Cicero tritt der traditionellen Auffassung der Römer (und der Antike) entgegen, daß nur Kriegstaten Ruhm bringen:

Sed cum plerique arbitrentur res bellicas maiores esse quam urbanas, minuenda est haec opinio. (Cic. off. I, 22, 74)

4. Die drei Zielsetzungen der Rede:

Tria sunt enim, ut quidem ego sentio, quae sint efficienda dicendo, ut doceatur is, apud quem dicetur, ut delectetur, ut moveatur vehementius. (Cic. Brut. 185)

Die Übersetzung der nd-Formen

Anders als bei den *Partizipialkonstruktionen* sind die *nd-Formen* selten stark, d. h. durch mehr als ein *Objekt* bzw. *Adverb,* erweitert. Auch hier erfolgt die Bestimmung der zur *nd-Form* gehörigen Bestandteile durch Abgrenzung vom Prädikat her. Darin sind Sie aber vermutlich inzwischen schon recht geübt. Schwieriger ist die Übertragung in ein verständliches Deutsch. Zu unterscheiden sind dabei:

Die nd-Formen als Prädikat

In Verbindung mit *esse* ist das *Gerundiv* passivisch und drückt sehr oft eine *Notwendigkeit* aus: Irgendetwas „soll, muß“ geschehen (Verneinung: „darf nicht“).

- Die Person, die das Geschehen auslöst, steht dabei im Dativ. Seltener ist die für das *Passiv* geläufige Konstruktion mit *a, ab* und *Ablativ (Dativus auctoris* bzw. *possessivus).*

- Es ist häufig nur vom Sinn bzw. vom Kontext her zu entscheiden, ob beim *Dativ* ein *normales Dativobjekt* oder ein *Dativus auctoris* vorliegt.

Beispiel:

Mihi concedendum est ...	Mir muß zugestanden werden ... Von mir muß zugestanden werden ...

Ähnlich wie bei den *Partizipialkonstruktionen* wirkt auch bei den *nd-Formen* das *Passiv* – vor allem in längeren Satzkonstruktionen – häufig recht schwerfällig.

Deshalb empfiehlt sich bei der Übersetzung die Umwandlung ins *Aktiv*. Dabei ist folgendes zu beachten:

- Der *Dativ der auslösenden Person (Dativus possesivus* bzw. *auctoris)* wird zum *Subjekt* des deutschen Satzes.

- Ist die Person, die das Geschehen auslöst, nicht genannt, übersetzen Sie am besten durch das deutsche unpersönliche *man*.

Beispiele:

Virtus mihi laudanda est ...	Ich muß die Tüchtigkeit loben ...
Virtus laudanda est ...	Man muß die Tüchtigkeit loben ...
Mihi concedendum est ...	Ich muß zugestehen ...
	oder: Man muß mir zugestehen ...

Ü 28

Suchen und unterstreichen Sie in den folgenden Sätzen das durch eine *nd-Form* gebildete *Prädikat*, das *Subjekt* doppelt und gegebenenfalls auch den *Dativ* einfach. Stellen Sie fest, ob es sich dabei um ein *Dativobjekt* oder um den *Dativ der auslösenden Person* handelt. Übersetzen sie zuerst *passivisch*, dann *aktivisch*.

1. Nach Ciceros Meinung müssen sich alle, die dazu in der Lage sind, dem Staat zur Verfügung stellen:

Sed iis ... abiecta omni cunctatione adipiscendi magistratus et gerenda res publica est ... (Cic. off. I, 21, 72)

2. Cicero dankt den Göttern dafür, daß die Anschläge Catilinas schon mehrmals vereitelt werden konnten:

Magna dis immortalibus habenda est atque huic ipsi Iovi Statori, antiquissimo custodi urbis, gratia, quod ... Non est saepius in uno homine summa salus periclitanda rei publicae. (Cic. Cat. I, 5, 11)

3. Cicero gibt Ratschläge für eine moralisch einwandfreie Lebensführung, bei der man auch manchmal militärische und politische Posten ausschlagen soll:

Nec vero imperia expetenda (sc. sunt) ac potius aut non accipienda interdum aut deponenda non numquam. (Cic. off. I, 20, 68)

nd-Formen mit *Verben* des Gebens und Nehmens im Grammatischen Anhang

Die nd-Formen als Substantiv oder Adjektiv

Für die Übersetzung ist die Unterscheidung zwischen *substantivischem* und *adjektivischem Gebrauch* nur insofern wichtig, als man klar abgrenzen muß, welches *Bezugswort* bzw. *Objekt* und welche *weiteren Ergänzungen* zur *nd-Form* gehören.

Abgesehen davon ist die Umsetzung ins Deutsche gleich. Vergessen Sie deshalb all die komplizierten Unterschiede zwischen *Gerundium* und *Gerundiv*, die Sie sich vielleicht eingepaukt haben.

Für die Umsetzung ins Deutsche gibt es vor allem zwei Möglichkeiten, die in den allermeisten Fällen eine verständliche und sinnentsprechende Übersetzung ergeben. Welche Sie jeweils wählen sollten, muß von Fall zu Fall entschieden werden.

R

Bei kurzen *nd-Verbindungen* ist in der Regel die Wiedergabe durch ein deutsches *Substantiv*, das einen Vorgang ausdrückt, möglich. (Meist sind dies deutsche *Substantive* auf *-ung* bzw. *substantivierte Infinitive*.) *Bezugswort* (bei *adjektivischer nd-Form*) bzw. *Objekt(e)* (bei *substantivischer nd-Form*) erscheinen dann im Deutschen als *Genitivobjekt*, *Adverbiale* als *Adjektive*.

Beispiele:

mos in publicum procurrendi	Gewohnheit des öffentlichen Auftretens
legem abrogandam	die Abschaffung eines Gesetzes
unam tollendo legem	durch die Abschaffung eines einzigen Gesetzes

(Liv. XXXIV, 2,8; 2,12; 3,4)

R

Ist eine nominale Wendung nicht möglich, weil Sie kein entsprechendes deutsches Wort finden oder weil die *nd-Konstruktion* zu lang ist, so läßt sich die *nd-Form* in der Regel als *Infinitivsatz* mit *„zu"* wiedergeben. Dabei werden alle mit der *nd-Form* verbundenen Ergänzungen von diesem *Infinitiv* abhängig gemacht.

Beispiel:

mos in publicum procurrendi	die Gewohnheit, in der Öffentlichkeit aufzutreten

Ü 29

Suchen Sie sich aus den folgenden Texten sorgfältig die *nd-Formen* mit eventuellen *Bezugswörtern, Objekten* und *Ergänzungen* heraus. Versuchen Sie, diese Satzglieder jeweils als *nominale Wendung* und als *Infinitiv mit zu* zu übersetzen. Behalten Sie – vor allem bei der *nominalen Wendung* – den *Kasus* bei!

1. Aus der Tyrannis der letzten Etruskerkönige geht der römische Staat mit einer neuen Verfassung hervor:

Post, ubi regium imperium, quod initio conservandae libertatis atque augendae rei publicae fuerat, in superbiam dominationemque se convortit, inmutato more annua imperia binosque imperatores sibi fecere (= fecerunt sc. Romani) (Sall. Catil. VI, 7)

2. Triumphierend hält Cicero Catilina vor, daß er seine Pläne im voraus aufgedeckt hat:

Dixi ego idem in senatu caedem te optimatium contulisse in a.d.V. Kal. Nov., tum cum multi principes civitatis Roma non tam sui conservandi quam tuorum consiliorum reprimendorum causa profugerunt. (Cic. Catil. I, 3, 7)

3. Der Antrag auf Abschaffung der Lex Oppia und die Reaktion darauf:

M. Fundanius et L. Valerius tribuni plebis ad plebem tulerunt de Oppia lege abroganda ..., ad suadendum dissuadendumque multi nobiles prodibant. (Liv. XXXIV, 1, 2, 4)

4. Für Livius beginnt mit der Bewunderung für die griechische Kultur auch der Niedergang der religiösen und moralischen Wertvorstellungen der Römer:

Ceterum inde primum initium mirandi Graecarum artium opera licentiaeque huic sacra fanaque omnia vulgo spoliandi factum est ... (Liv. XXV, 40, 2)

5. Cicero über die seelenbewegende Macht des Redners:

Quis enim nescit maximam vim exsistere oratoris in hominum mentibus vel ad iram aut ad odium aut ad dolorem incitandis vel ab hisce eisdem permotionibus ad lenitatem misericordiamque revocandis? (Cic. De orat. 1, 53)

Die Architektur der lateinischen Satzperiode

Ganz zu Beginn dieses Buches haben wir das Übersetzen mit der Suche nach einer verborgenen Schatzkammer in den Gängen einer alten römischen Villa verglichen. Mit Hilfe Ihrer Baupläne haben Sie nun sozusagen das Haupthaus der Villa von den Kellergewölben bis zu den Dachkammern durchwandert. Sie haben wohl eine Menge Spuren entdecken können, aber der eigentliche Schatz ist noch nicht gefunden.

Wenn Sie – erschöpft? – wieder ins Freie treten, sehen Sie, daß noch eine Fülle von Gebäuden mit dem Haupthaus verbunden ist, Stallungen, Gartenpavillons, Gesindehäuser ... Ihrer Phantasie sind keine Grenzen gesetzt, ebensowenig wie der Lust der Römer an der Verschachtelung von Haupt- und Nebensätzen, um die es jetzt gehen soll. Wie Sie für den einzelnen Satz einen Bauplan brauchten, so brauchen Sie diesen um so mehr für die Verbindung von Sätzen in der *Satzperiode,* d. h. der Verknüpfung von *Haupt-* und *Nebensätzen.*

Haupt- und Nebensatz

Die lateinische Sprache liebt lange *Satzperioden* und neigt ungleich mehr dazu als die deutsche. Bei den *Satzperioden* ist noch viel weniger als bei der Übersetzung des Einzelsatzes eine Übersetzung „aus dem Stand" möglich. Die kunstvoll zusammengefügten Sätze der *Periode* sind oft nur sehr schwer zu entflechten, weil sie häufig nicht wie in einer Kette aneinandergereiht sind, sondern sich gegenseitig durchbrechen. Wir sehen deshalb nicht auf Anhieb, wo ein Satz beginnt bzw. aufhört.

Voraussetzung für die Übersetzung der *lateinischen Periode* ist die *genaue Abgrenzung* von *Haupt-* und *Nebensätzen.*

Signale

Ähnlich wie beim Einzelsatz muß man zu diesem Zweck die Satzperiode zur Vorbereitung der Übersetzung analytisch lesen. Lesen Sie vor allem längere *Satzperioden* mehrmals durch, um nach den Signalen für die Gliederung zu suchen.

1. Das **erste Signal** für die Gliederung der *Satzperiode* sind die Satzzeichen.

- Wie wir schon mehrfach erwähnt haben, kannten die Römer eigentlich **keine Satzzeichen.** Sie sind also vom Herausgeber eingesetzte bewußte Übersetzungshilfen.

- Achten Sie auf die Trennung von größeren Satzkomplexen durch Strichpunkt oder Doppelpunkt: sie schließen ebenso wie der Punkt eine *Satzperiode* ab.

- Das wichtigste Satzzeichen zur Gliederung der Satzperiode ist das Komma. Lesen Sie dabei jeweils bis zum ersten/nächstfolgenden Komma und suchen Sie in diesem Teil des Satzes nach dem nächsten **Signal.**

2. Das **zweite Signal** für die Abgrenzung von Haupt- und Nebensatz sind die *Konnektoren* (Verbindungswörter), die die einzelnen Sätze verbinden.

Es gibt folgende Arten von *Konnektoren:*

a) **Die Konjunktionen**

Es gilt zwischen *gleichordnenden* und *unterordnenden Konjunktionen* zu unterscheiden. Von den *gleichordnenden Konjunktionen,* die ganze Sätze oder Satzteile verbinden können, war schon ausführlich in den Kapiteln „Satzüberleitungen" und „Reihungen" (vgl. S. 26 und S. 28) die Rede.

- Für die Übersetzung ist es sehr wichtig, die *unterordnenden Konjunktionen* genau zu kennen, weil einige *Konjunktionen* mehrere abweichende Bedeutungen haben können.

- Ein wichtiger Hinweis für die jeweilige Bedeutung der *unterordnenden Konjunktionen* ist der **Modus** des zugehörigen *Prädikats.* Verschiedene *Konjunktionen* verlangen nämlich in unterschiedlicher Bedeutung einen jeweils anderen *Modus.*

Bevor wir mit direkten Übungen zu den *Konjunktionen* beginnen, wiederholen Sie bitte anhand Ihrer Grammatik alle *konjunktionalen* Nebensatzarten. Dies erleichtert Ihnen die Schwierigkeiten mit den langen *lateinischen Satzperioden.*

Im Grammatischen Anhang haben wir die wichtigsten *Konjunktionen* in einer Tabelle zusammengefaßt.

Ü 1

Tragen Sie dann in die folgende Tabelle zu den Nebensatzarten jeweils (mindestens) eine *Konjunktion* mit *deutscher Bedeutung* und dazugehörigem *Modus* ein.

Art des Nebensatzes	Konjunktion	deutsch	Modus
temporal			
final			
konsekutiv			
kausal			
konditional			
konzessiv			
adversativ			
modal			
faktisch			
komparativ			

b) **Relativpronomina, Interrogativpronomina und -partikel**

Oft treten *Relativsätze* an die Stelle von *Attributen*. Sie stehen deshalb in aller Regel *nahe* bei dem Bezugswort.

Der *Modus* der *Relativsätze* ist meistens der *Indikativ*.

Bei der Bestimmung der *Relativsätze* gibt es normalerweise wenig Schwierigkeiten. Zwei Besonderheiten sind allerdings zu beachten:

– Wenn ein *Relativpronomen* am Satzanfang steht, so kann es sich um den sogenannten *relativen Satzanschluß* handeln, d. h. einen Bezug zum vorangegangenen Satz. In diesem Fall wird das lateinische *Relativpronomen* immer durch ein deutsches *Demonstrativpronomen* übersetzt.

– Ein Relativpronomen am Satzanfang kann aber auch bedeuten, daß der Relativsatz *vor* dem Hauptsatz steht. Hinweise erhalten Sie häufig aus einem nachfolgenden *Demonstrativpronomen!*

Nach *Verben* des Sagens, Wissens und Fragens können *indirekte Fragesätze* stehen, die durch *Interrogativpronomina,* die der Form nach teilweise mit den *Relativpronomina* identisch sein können, und *Interrogativpartikeln* (z. B. -ne, num, utrum – an) eingeleitet werden.

Der Modus der indirekten Fragesätze ist immer der *Konjunktiv.*

Ü 2

Unterstreichen Sie in den folgenden Sätzen alle *Relativpronomina, Interrogativpronomina* sowie die dazugehörigen *Prädikate.*

Überprüfen Sie anhand der Stellung des (evtl.) übergeordneten *Verbs* und des *Modus,* ob es sich um einen *relativen Satzanschluß,* um einen *Relativsatz* oder um einen *indirekten Fragesatz* handelt.

Tragen Sie Ihre Entscheidung in Tabellenform nach dem jeweiligen *Pronomen* ein.

Übersetzen Sie den Text!

Die Vernunft – Wesensmerkmal von Göttern und Menschen.

. . . ab hominum genere finitus est dies, mensis, annus; defectiones solis et lunae cognitae praedictaeque (sc. sunt) in omne posterum tempus, quae, quantae, quando futurae sint. Quae intuens animus accedit ad cognitionem deorum, e qua oritur pietas, cui coniuncta iustitia est reliquaeque virtutes, e quibus vita beata exsistit par et similis deorum, nulla alia re nisi immortalitate, quae nihil ad bene vivendum pertinet, cedens caelestibus. Quibus rebus expositis satis docuisse videor, quanto hominis natura anteiret animantes. Ex quo debet intellegi nec figuram situmque membrorum nec ingenii mentisque vim talem effici potuisse fortuna. (Cic. nat. deor. II, 61, 153 ff. leicht gekürzt)

Die übersichtliche Satzperiode

In der übersichtlichen *Satzperiode* stehen die *Haupt-* und *Nebensätze* nebeneinander und können in dieser Reihenfolge übersetzt werden.

Es empfiehlt sich aber auch hier, nach der Gewichtigkeit vorzugehen, d. h. zuerst den *Hauptsatz,* dann den *Nebensatz* bzw. die *Nebensätze* zu übersetzen. Wenn Sie dies strikt einhalten, bereitet die Übersetzung der „übersichtlichen" *Satzperioden* wenig Schwierigkeit, da der gesamte *Gliedsatz* ja von den Satzzeichen begrenzt wird. Es „fehlt" also nichts.

Der einzelne *Satz,* ob *Haupt-* oder *Nebensatz,* wird so behandelt, wie wir es intensiv im 1. Kapitel „Die Bausteine des Satzes" eingeübt haben.

Schema

Meistens kommen in einem lateinischen Text folgende *Schemata* vor:

1. Der *Nebensatz* steht *vor* dem *übergeordneten Satz:*

NS – HS

Quamquam reus innocens erat, tamen exsilio multatus est.

NS HS

2. Der *Nebensatz* steht *hinter* dem *übergeordneten Satz:*

HS – NS

Amicus domum revertit, quod aegrotus erat.

HS NS

3. *Flügelperiode* = zwei *Nebensätze rahmen* den *Hauptsatz ein:*

NS – HS – NS

Cum audivissemus Antiochum, constituimus, ut ambularemus in Academia.

NS HS NS

4. *Hauptsatz* mit *mehreren Gliedsätzen*

a) HS – NS – NS oder

HS – NS – NS – NS

Der *Hauptsatz* macht den Anfang, die *Nebensätze fallen ab*. Deshalb nennt man diese Art von Satzzusammenstellungen *fallende Periode*.

Caesar Galbae permisit,	si opus esse arbitraretur,	ut in finibus Allobrogum legionem hiemandi causa collocaret.
HS	NS	NS

b) In der *steigenden Periode* führen die *Nebensätze* zuerst die weniger wichtigen Bestandteile an. *Die Periode* gipfelt dann im *Hauptsatz:*

NS – NS – HS oder

NS – NS – NS – HS.

Cum nobiles Romani in Graecia studiis se darent	ut ibi clarissimos oratores audirent	et Cicero Rhodum navigavit.
NS	NS	HS

Auflösung und Übersetzung

Um die Architektur der *Satzperioden* sichtbar zu machen, empfiehlt sich die folgend beschriebene Kurzfassung von Sätzen:

1. Es werden nur noch *Konjunktion* bzw. *Satzüberleitung, Subjekt* (falls vorhanden) und *Prädikat* herausgeschrieben.

2. Diese wichtigsten Bestandteile der Sätze werden nicht horizontal, sondern *vertikal* notiert, also untereinander.

3. Auch die *einzelnen Sätze* werden *untereinander* geschrieben; der *Hauptsatz* am *äußersten Rand links* und die *Nebensätze nach rechts eingerückt.*

Das sieht folgendermaßen aus:

Quamquam omnis virtus nos ad se allicit, tamen iustitia id maxime efficit (Cic. off. 1, 56):

quamquam omnis virtus ......
allicit

tamen iustitia ......
efficit.

Diese Art der Aufzeichnung hat den Vorteil, daß

- die *Subjekt – Prädikat – Verbindung* des Einzelsatzes deutlich wird,
- die *Über- bzw. Unterordnung* von Haupt- und Nebensätzen heraustritt und
- die *lineare Abfolge* von Sätzen überschaubarer wird.

In den folgenden Übungen werden Sie diese Möglichkeit der Visualisierung anwenden lernen.

Ü 3

Gliedern Sie die Sätze nach folgendem Muster:

Cum audivissemus Antiochum, constituimus, ut ambularemus in Academia.

cum
audivissemus

constituimus

ut
ambularemus

Bei Satz 6 und 9 müssen Sie das Muster erweitern! Warum?

Antwort: ______________________________

Übersetzen Sie nun alle Sätze!

1. Nam etsi consilia iudicibus ex praesentium causarum statu capienda sunt, generalia tamen quaedam praemonita et praecepta sunt, quibus ante causam praemuniri iudex praepararique ad incertos casus futurarum difficultatum debeat. (Gell. 14, 2, 3)

2. Qui non obsistit iniuriae, tam est in vitio, quam si parentes aut amicos aut patriam deserat. (Cic., off. 1, 23)

3. Itaque si Cyrus ille Perses iustissimus fuit sapientissimusque rex, tamen mihi populi res non maxime expetenda fuisse illa videtur, cum regeretur unius nutu ac modo. (Cic. rep. I, 43)

4. Cum illa tetigit, crescit ac velut vinculis liberatus in originem redit, et hoc habet divinitatis suae argumentum, quod illum divina delectant. (Sen., nat. I, 1, 4)

5. Cum autem multitudinem ipsam viderent contra bestias esse tutandam, oppida etiam coepisse munire, ut vel quietem noctis tutam sibi facerent, vel ut incursiones atque impetus bestiarum non pugnando, sed obiectis aggeribus arcerent. (Lact. inst. VI, 10, 14)

6. Si hac de causa sunt homines congregati, ut mutuis auxiliis imbecillitatem suam tuerentur, sucurrendum est igitur homini, qui eget auxilio. (Lact. inst. VI, 10, 15)

7. Quamquam enim libri nostri complures non modo ad legendi, sed etiam ad scribendi studium excitaverunt, tamen interdum vereor, ne quibusdam bonis viris philosophiae nomen sit invisum mirenturque in ea tantum me operae et temporis ponere. (Cic. off. II, 1, 2)

8. Nihil agere autem cum animus non posset in his studiis ab initio versatus aetatis, existimavi honestissime molestias posse deponi, si me ad philosophiam retulissem. (Cic. off. II, 4)

9. Quodsi iustitia est obtemperatio scriptis legibus institutisque populorum, et si utilitate omnia metienda sunt, negleget leges easque perrumpet is qui sibi rem fructuosam putabit fore. (Cic., leg. I, 15)

Schachtelperioden

Einfache Schachtelsätze

Haupt- und *Nebensätze* liegen ineinander verschachtelt. Diese Art von *Satzperioden* bereitet im allgemeinen große Schwierigkeiten, da die einzelnen Sätze nicht abgeschlossen, sondern durch andere Sätze unterbrochen werden und erst weiter hinten ihren Abschluß finden (meist im *Prädikat*).

Beispiel:

Boios petentibus Haeduis, quod egregia virtute erant cogniti, ut in finibus suis collocarent, concessit.

Dieser Satz läßt sich erst dann übersetzen, wenn man die zwei *Nebensätze* (*quod*-Satz und *ut*-Satz) wie zwei Schachteln aus der großen Schachtel (*Hauptsatz*: Boios petentibus Haeduis ... concessit) herausnimmt.

Schema

Der *Hauptsatz* umrahmt den *Nebensatz*/die *Nebensätze* und hält ihn bzw. sie als geschlossene Einheit zusammen, so daß die Übersichtlichkeit der *Periode* trotz der Häufung von Sätzen gewahrt bleibt. Dieses Schema erinnert Sie sicher an die Rahmenstellung im Einzelsatz.

Pompeius, cum de morbo eius audivisset, eum videre voluit.

HS | NS | HS

Auflösung und Übersetzung

Im Vergleich zum Einzelsatz sind bei der Übersetzung der *Schachtelperiode* folgende Punkte zu berücksichtigen, um die *Verschachtelung* „aufzuknacken“:

- Die kunstvoll zusammengefügten Sätze der *Periode* gilt es zu entflechten unter Beachtung der *Satzzeichen* und der einleitenden Wörter der *Nebensätze*.
- Wichtig ist, daß Sie bereits beim Lesen darauf achten, ob ein Satz *Haupt-* oder *Nebensatz* mit *Subjekt* und *Prädikat, vollständig* ist. Wenn dies nicht der Fall ist – also das *Prädikat* noch nicht erschienen ist –, „kriechen“ Sie unter dem *Nebensatz* mit seinem Einleitungswort bis zum folgenden Komma durch.
- Die Fortsetzung des unterbrochenen Satzes finden Sie dann, wenn nach einem Komma kein Einleitungswort mehr kommt.

Einfaches Beispiel:

| Pompeius | cum de morbo eius audivisset | eum videre voluit. |

Nebensatz

Hauptsatz

Wie bei den übersichtlichen *Satzperioden* verwenden Sie zur visuellen Verdeutlichung nur noch *Satzüberleitung* (*Konjunktion* u. ä.) und *Subjekt/Prädikat*. Die *Satzperiode* wird außerdem nicht *linear* aufgeschrieben, sondern *räumlich*, d. h. die einzelnen Sätze stehen untereinander. Unser obiges Beispiel sieht dann also folgendermaßen aus:

```
┌── Pompeius
│
│         ┌── cum
│         │
│         └── audivisset
│
└── videre voluit.
```

Ü 4

Notieren Sie die folgenden *einfachen Schachtelperioden* nach diesem Schema.

Welche Arten von *Nebensätzen* finden sich hier?

Welcher Satz gehört nicht zu dem oben genannten *Schema* von *Satzperioden?*

Übersetzen Sie alle Sätze!

1. Est igitur, quoniam nihil est ratione melius eaque est et in homine et in deo, prima homini cum deo rationis societas. (Cic. leg. I, 23)

2. Itaque nulla alia in civitate, nisi in qua populi potestas summa est, ullum domicilium libertas habet. (Cic. rep. I, 47)

3. Bello Macedonico, quod cum rege Perse gessimus, Rhodiorum civitas magna et magnifica, quae populi Romani opibus creverat, infida et adversa nobis fuit. (Sall. Catil. 51,5)

4. Rerum Gestarum Divi Augusti, quibus orbem terrarum imperio populi Romani subiecit, et impensarum, quas in rem publicam populumque Romanum fecit, incisarum in duabus aeneis pilis, quae sunt Romae positae, exemplar subiectum (est). (Mon. Ancyr.)

5. Rex Antiochus, qui Romae biennium fere ante oculos omnium fuisset, comitatu regio atque ornatu instructus, amicus et socius populi Romani, amicissimo patre, avo, maioribus, antiquissimis et clarissimis regibus, opulentissimo et maximo regno, is tamen praeceps e provincia populi Romani expulsus est. (Cic. Verr. II, 67)

6. (Hannibal) ipse cum duobus milibus equitum usque ad ipsam Capenam portam, ut situm urbis exploraret, obequitavit. (Liv. perioch. XXVI)

7. Segesta est oppidum vetustissimum in Sicilia, quod ab Aenea fugiente a Troia atque in haec loca veniente conditum esse traditur. (Cic. Verr. II, 4, 72)

8. Fides sicut anima, unde abiit, numquam redit. (Publil. Syr. 181)

9. Nam vel rex aequus ac sapiens vel delecti ac principes cives vel ipse populus, quamquam id est minime probandum, tamen nullis interiectis iniquitatibus aut cupiditatibus posse videtur aliquo esse non incerto statu. (Cic. rep. I, 26)

Nach dieser umfangreichen Übung dürften Sie inzwischen wohl „klarer sehen“ und die *Nebensätze* nun auf Anhieb entflechten können. Leider gibt es aber nicht nur einfache, übersichtliche *Satzperioden.*

In der „hohen Kunst der Entwirrung“ können Sie sich im folgenden Kapitel versuchen.

Ineinander verschachtelte Nebensätze

Schema

Häufig werden im Lateinischen in einer *Satzperiode* die *Nebensätze* durch andere dazwischengeschobene *Nebensätze* unterbrochen:

$NS_1 - NS_2 - NS_1 - HS$ oder

$HS - NS_1 - NS_2 - NS_1$.

Beispiel:

Ubi ea dies, quam constituerat cum legatis, venit et legati ad eum reverterunt, negat se more et exemplo populi Romano posse iter ulli per provinciam dare et ... prohibiturum ostendit. (Caes. Gall. I, 8, 3)

Auch hier hilft uns die *vertikale Schreibweise* bei der Entschlüsselung:

ubi
  quam
  constituerat
venit ... et reverterunt

negat ... et
ostendit

Auflösung und Übersetzung

Auch im Deutschen liest man bisweilen (meist im Behördendeutsch) extrem ineinander verschachtelte „Satzungetüme". So haben sich z. B. Juristen vergangener Zeiten (hoffentlich heute nicht mehr!) häufig der Verschachtelung bei der Formulierung ihrer Urteile bedient.

Hier ein überspitztes Beispiel für eine vermeintlich gelungene Satzperiode nach lateinischem Muster!

Urteilsbegründung

Zeichnung: Mertens

„Dadurch, daß derjenige, der vom Angeklagten, der ein Geständnis, das von Zeugen, die unter Eid, auf dessen Bedeutung sie unter Hinweis auf etwaige Folgen aufmerksam gemacht wurden, aussagten, bekräftigt worden ist, ablegte, tätlich angegriffen wurde, an der Streitursache nicht ganz schuldlos war, kann die Strafe zur Bewährung ausgesetzt werden."

Diesen völlig unverständlichen Satz können Sie nur *analysieren* (*Analyse* kommt aus dem Griechischen und heißt „auflösen“), wenn Sie ihn, wie im vorigen geübt, *vertikal* aufschreiben:

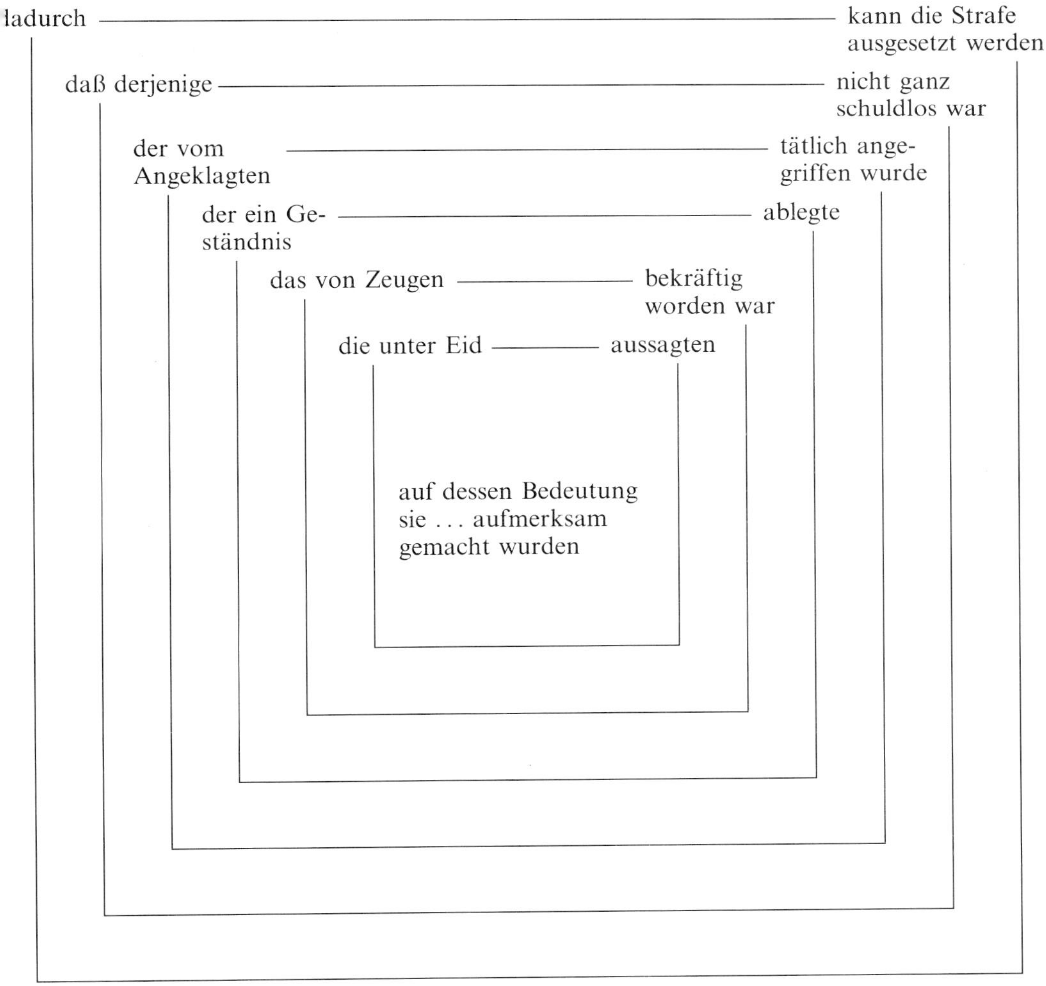

Erst wenn Sie die *Periode analysiert* haben, können Sie sehen, welche Teile sich zu einem Satz zusammenfügen.

Die Übersetzung ergibt sich dann von selbst: wenn Sie jeden Satz zunächst vervollständigen, bevor Sie den nächsten beginnen, ergibt sich ein einigermaßen passables Deutsch, das Sinn macht.

Ü 5

Führen Sie nun mit Hilfe desselben Musters die Sätze des folgenden lateinischen Satzes zusammen!

Helvetii repentino eius adventu commoti, cum id, quod ipsi diebus XX aegerrime confecerant, ut flumen transirent, illum uno die fecisse intellegerent, legatos ad eum mittunt. (Caesar Gall. I 13, 2)

Übersetzen Sie dann die aufgelöste Satzperiode!

Das Ergebnis dieser Übersetzung läßt sich zwar noch verbessern, z. B. dadurch, daß Sie *Nebensätze* in *Hauptsätze* verwandeln. Aber zuerst einmal sollten Sie den Satz verstehen!

Schachtelsätze dürfen niemals nachgeahmt werden. Vermeiden Sie Sätze wie: „Caesar, der, nachdem ...“. Jeder Satz, ob *Haupt-* oder *Nebensatz* steht für sich allein!

Ü 6

Rahmen Sie in den folgenden lateinischen Sätzen zunächst alle *Konjunktionen* ein!

In zwei Sätzen werden die *Nebensätze* außerdem noch durch den *Hauptsatz* umrahmt! Welche sind es?

Folgende *Verschachtelungen* kommen in den Sätzen 1–9 vor! Tragen Sie die Satznummer hinter der entsprechenden *Satzstruktur* ein.

a) HS NS→ NS ←NS

b) NS→ NS ←NS HS

c) NS HS NS→ NS ←NS

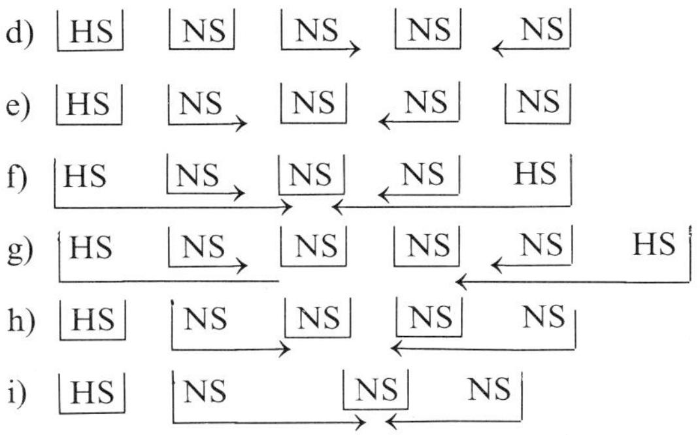

Übersetzen Sie nun die *Satzperioden* mit Hilfe eines Wörterbuches!

1. Laudemus itaque et in numero felicium reponamus eum, cui, quantulumque temporis contigit, bene collocatum est. (Sen. epist. 93, 5)

2. Putaverunt enim, si, quo in genere plurimum posset, in eo magnopere elaborasset, egregium sibi opus illo in fano relicturum. (Cicero inv. II, 1)

3. Cum autem res publica, in qua omnis mea cura, cogitatio, opera poni solebat, nullae esset omnino, illae scilicet litterae conticuerunt forenses et senatoriae. (Cic. off. II, 1, 3)

4. Sed in omni iniustitia permultum interest, utrum perturbatione aliqua animi, quae plerumque brevis est et ad tempus, an consulto et cogitata fiat iniuria. (Cic. off. I, 8, 27)

5. Cumque fundamentum esset philosophiae positum in finibus bonorum et malorum, purgatus est is locus a nobis quinque libris, ut, quid a quoque et quid contra quemque philosophum diceretur, intelligi posset. (Cic. div. II, 1, 2)

6. Ex quo efficitur illud, ut is agnoscat deum, qui, unde ortus sit, quasi recordetur. (Cic. leg. I, 25)

7. Magna etiam discidia et plerumque iusta nascuntur, cum aliquid ab amicis, quod rectum non esset, postularetur, ut aut libidinis ministri aut adiutores essent ad iniuriam. (Cic. Lael. X, 35)

8. Quam (exspectationem) tu una re facillime vinces, si hoc statueris, quarum laudum gloriam adamaris, quibus artibus eae laudes comparantur, in iis esse elaborandum. (Cic. ad fam. 2, 4)

9. In eius modi re ac moribus, si is, qui erit adductus in iudicium, cum manifestis in flagitiis tenebitur, alios eadem fecisse dicet, illi exempla non deerunt. (Cic. Verres 2, 3, 207 f.)

Durch Nebensätze mehrmals unterbrochener Hauptsatz

Eine weitere Gruppe von *Satzgefügen,* nämlich diejenigen, die aus einem *Hauptsatz* bestehen, der durch verschiedene *Nebensätze* mehrmals unterbrochen wird, verdient am ehesten den Namen *Periode*. *Periode* heißt Kreislauf. Das bedeutet also, daß in einem *Satzgefüge* der *Hauptsatz* (bzw. Teile davon) immer wiederkehrt, sich bogenförmig um die *Nebensätze* schließt.

Schema

Unser ausgewählter Beispielsatz läßt sich wie folgt *schematisch* darstellen:

Ita, quod in advorsis rebus optaverant, otium, postquam adepti sunt, asperius acerbiusque fuit. (Sall. Iug. 41.4)

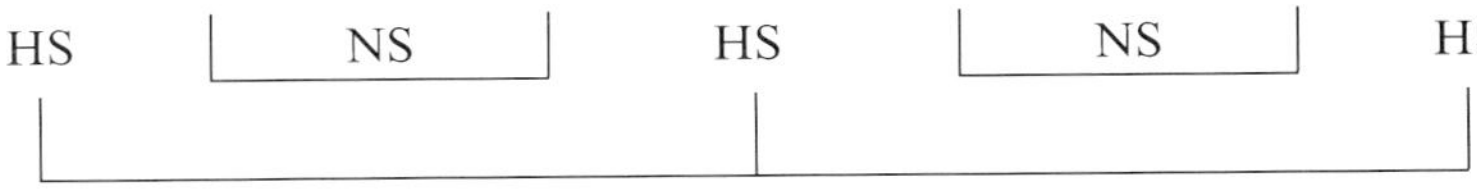

Grafisch wird dieses *Satzschema* genauso wie alle anderen *Schachtelperioden* dargestellt:

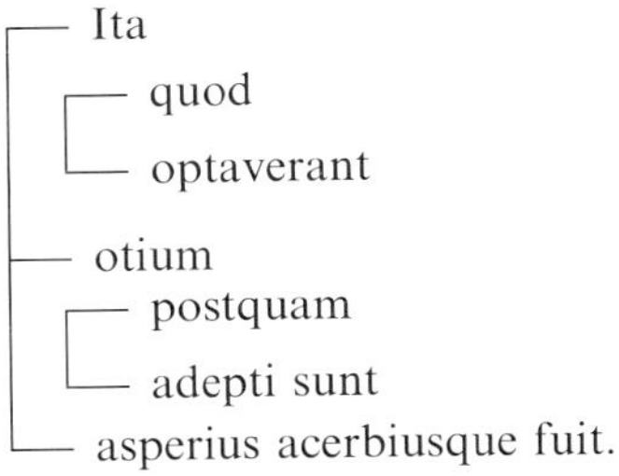

Auflösung und Übersetzung

Das Wort *Periode* haben wir gerade erläutert; seine griechische Verbform *periodein* gibt uns nun genau die Verfahrensweise an, die wir brauchen, um die eben besprochene Art von *Satzgefüge* auflösen zu können. Dieses *Verb* heißt nämlich *herumgehen*. Wie Pfeiler ragen in dem *Satzgefüge* Teile des *Hauptsatzes* aus der Reihe der *Nebensätze* heraus, und man muß nun um diese Pfeiler regelrecht herumgehen, d. h. die *Nebensätze* darum herum zunächst einmal wahrnehmen. Die Methode (= ein planmäßiges Verfahren) für die Übersetzung eines *Satzgefüges* ist also, den *Hauptsatz* zu verfolgen und die *Nebensätze* zunächst auszuklammern.

Die Fortsetzung des *Hauptsatzes* erkennt man daran, daß die später folgenden Teile keine *Einleitungswörter* mehr benötigen, ganz im Gegensatz zu den *Nebensätzen*, die Sie an ihren jeweiligen *Konjunktionen* erkennen können. Außerdem fügen sich diese *Satzteile* erst ganz zum Schluß (meist zusammen mit dem *Prädikat*) zu einem Satz zusammen.

R

In längeren *Satzperioden* werden unterbrochene Sätze ohne *Einleitungswörter* fortgeführt. Die Teile des Hauptsatzes lassen sich an den „Bruchstellen" wieder zusammenfügen.

Hat man alle Teile des *Hauptsatzes* beisammen, ist der *Hauptsatz* vollständig.

Gehen Sie nun bei der Übersetzung immer nach folgendem Verfahren vor:

- Stellen Sie zunächst die Art des *Satzgefüges* fest (hier: durch *Nebensätze* mehrmals unterbrochener *Hauptsatz*).
- Fügen Sie sodann die Teile des *Hauptsatzes* wieder zusammen, indem Sie um diese *herumgehen* und die *Nebensätze* zunächst ausgrenzen.
- Übersetzen Sie zuerst den vollständigen *Hauptsatz*.
- Fügen Sie die *Nebensätze* übersetzt an die alte Stelle im Satz ein, wenn es erforderlich ist (z. B. bei *Relativsätzen*), oder hängen Sie diese an den *Hauptsatz* an.

Ü 7

Finden Sie durch das Labyrinth der *Haupt-* und *Nebensätze?* Wenn nicht, erleichtern Sie sich Ihren Weg mit Hilfe des „Ariadne-Fadens":

- Unterstreichen Sie alle *Prädikate* und umrahmen Sie alle *Konjunktionen!*
- Stellen Sie alle auftretenden *Perioden* grafisch dar nach dem bereits geübten Muster, indem Sie nur *Konjunktionen* und *Subjekt/Prädikate* eintragen.

Wenn Sie den Ablauf der *Satzperioden* erkannt und außerdem nicht vergessen haben, wie man den Einzelsatz methodisch richtig übersetzt (Reihenfolge der *Satzteile!*), übersetzen Sie die Sätze mit Hilfe eines Wörterbuches!

1. Interea ea legione, quam secum habebat, militibusque, qui ex provincia convenerant, a lacu, qui in flumen Rhodanum influit, ad montem Iuram, qui fines Sequanorum ab Helvetiis dividit, milia pasuum undeviginti murum in altitudinem pedum sedecim fossamque perducit. (Caes. Gall. I, 8, 1)

2. Postero die Caesar promota turri perfectisque operibus, quae facere instituerat, magno coorto imbri non inutilem hanc ad capiendum consilium tempestatem arbitratus, quod paulo incautius custodias in muro dispositas videbat, suos quoque languidius in opere versari iussit et, quid fieri vellet, ostendit. (Caes. Gall. VII, 27, 1)

3. Numitor inter primum tumultum hostis invasisse urbem atque adortos regiam dictitans, cum pubem Albanam in arcem praesidio armisque obtinendam avocasset, postquam iuvenes perpetrata caede pergere ad se gratulantes vidit, extemplo advocato concilio scelera in se fratris, originem nepotum, ut geniti, ut educati, ut cogniti essent, caedem deinceps tyranni seque eius auctorem ostendit. (Liv. I, 6, 1)

4. Suscepit enim Philus ipse disputationem eorum, qui sentirent sine iniustitia geri non posse rem publicam, purgans praecipue, ne hoc ipse sentire crederetur, egitque sedulo pro iniustitia contra iustitiam, ut hanc esse utilem rei publicae conaretur ostendere ... (Aug. civ. II, 21)

5. Omnis ergo populus, qui est talis coetus multitudinis, qualem exposui, omnis civitas, quae est constitutio populi, omnis res publica, quae, ut dixi, populi res est, consilio quodam regenda est, ut diuturna sit. (Cic. rep. I, 41)

6. Fama est etiam Hannibalem annorum fere novem pueriliter blandientem patri Hamilcari, ut duceretur in Hispaniam, cum perfecto Africo bello exercitum eo traiecturus sacrificaret, altaribus admotum tactis sacris iure iurando adactum se, cum primum posset, hostem fore populo Romano. (Liv. XXI, 1, 4)

Kombinierte Satzperiode

Struktur komplizierterer *Satzperioden* mit mehr als drei Sätzen

Wirklich schwierig wird eine *Satzperiode,* wenn sich die bisher besprochenen Arten vermischen, wenn z. B. eine *Flügelperiode* durch *Schachtelsätze* erweitert wird. Diese *komplizierteren Satzgefüge* verlangen sehr viel *analytisches (= auflösendes) Können.* Sie müssen dabei in der Lage sein, das ganze *System* (= Zusammenstellung) der Sätze zu durchschauen.

Folgende Ratschläge sollten Sie dabei beherzigen:

- Erschrecken Sie nicht vor längeren *Satzperioden.* Sie setzen sich auch nur aus Einzelsätzen zusammen!

- Bestimmen Sie die Reihenfolge der Einzelsätze: *Haupt- vor Nebensätzen!*

- Achten Sie darauf, ob ein Satz *(Haupt-* oder *Nebensatz) vollständig* ist, also ein *Prädikat* aufweist.

- Bestimmen Sie das *Schema,* nach dem die *Periode* gebildet ist. Visualisieren Sie es sodann nach dem eingeübten Muster!

- Ahmen Sie *Schachtelsätze* bei der Übersetzung ins Deutsche nicht nach! Erst wenn der Sinn der Einzelsätze einigermaßen verstehbar ist, fügen Sie die Sätze wieder zusammen und ordnen Sie diese in ein im Deutschen übliches *Satzgefüge* ein (also: Statt dem lateinischen *Ineinander* das deutsche *Nacheinander*).

Umfangreiche Übungen

Die nachfolgenden Beispiele sollen Ihnen zeigen, wie sich auch kompliziertere lateinische Sätze „entfalten" lassen. Es entsteht immer ein Bild von ineinander verschachtelten oder sich gegenseitig einrahmenden Sätzen. Wenn Sie also eine *Satzperiode* aufgelöst haben, sollten Sie eine „harmonische Ordnung" erkennen, wie sie im einfachen Satz über die lateinischen *Konstruktionen* (*A.c.i.* und *Abl. abs.*) bis zu einfachen Satzgefügen sichtbar wurde.

Beispiel: Huc adcedebat, quod L. Sulla exercitum, quem in Asia ductaverat, quo sibi fidum faceret, contra morem maiorum luxuriose nimisque liberaliter habuerat (Sall. Catil. 11, 5)

Ü 8 Ergänzen Sie den Lückentext!

Die Satzperiode besteht aus ________________ Sätzen. Der ________________ -Satz geht voran. Die zwei *Nebensätze* werden durch einen ________________ mit der *Konjunktion* ________________ eingerahmt. Die Einrahmung gibt an, daß die beiden *Nebensätze* dem einrahmenden *Nebensatz* unter/übergeordnet sind (kreuzen Sie an!).

Ob die beiden eingerahmten *Nebensätze* gleichwertig sind oder einer von dem anderen abhängig ist, läßt sich erst bei der Übersetzung feststellen.

Schreiben Sie die Sätze in das Schaubild ein!

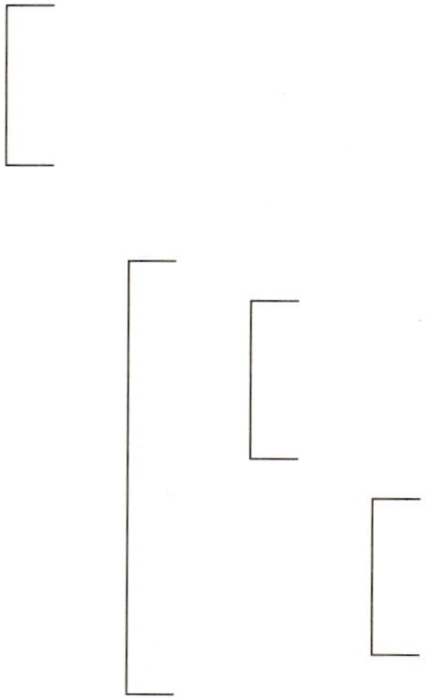

Beispiel: Milo ut cognovit vulneratum Clodium, cum sibi periculosius illud etiam vivo eo futurum intellegeret, occiso autem magnum solacium esset habiturus, etiam si subeunda esset poena, exturbari taberna iussit...

... Cadaver eius in via relictum, quia servi Clodi aut occisi erant aut graviter saucii latebant, Sex. Teidius senator, qui forte ex rure in urbem revertebatur, sustulit et lectica sua Romam ferri iussit. (Ascon. 6)

Ü 9 Die beiden Satzgefüge auf S. 112 sind wieder Rahmungen, die erst entblättert werden müssen! Ergänzen Sie den Lückentext!

1. Satz:

Der ________________ umrahmt ________________ Nebensätze, wobei der zweite Nebensatz in ________________ Teile zerfällt.

2. Satz:

Zwei Nebensätze sind in den Hauptsatz so eingebettet, daß das ________________ (welcher Satzteil?) in der Mitte zwischen den beiden Nebensätzen zu stehen kommt, das ________________ und das ________________ (welche Satzteile des Hauptsatzes?) die beiden Nebensätze umrahmen. Wie bei einer Frucht liegt der Kern in der Mitte, die Schale außen und das Fruchtfleisch dazwischen!!

Schreiben Sie die Sätze in die vorgegebenen Strukturen und übersetzen Sie sie dann!

1. Satz:

Milo

[

[

[

exturbari taberna iussit.

2. Satz:

Cadaver eius in via relictum,

Beispiel: Tapferkeit und Verwirrung in der Schlacht von Cannae:

Equitum pedestre proelium, quale iam haud dubia hostium victoria, fuit, cum victi mori in vestigio mallent quam fugere, victores morantibus victoriam irati trucidarent, quos pellere non poterant. (Liv. XXII, 49, 4)

Ü 10

Beschreiben Sie mit eigenen Worten nach dem Muster der Lückentexte in Beispiel 1 und 2 die Reihenfolge von *Haupt-* und *Nebensätzen*. Achten Sie auf die Gegenüberstellung von *victi* und *victores!*

Tragen Sie den Satz in das vorgegebene *Satzbild* ein und übersetzen Sie dann.

Beispiel:

Consul ubi ea parari cognovit, dispositis praesidiis, ut res atque tempus monebat, convocato senatu refert, quid de iis fieri placeat, qui in custodiam traditi erant. (Sall. Catil. 50,3)

Tum D. Iunius Silanus primus sententiam rogatus, quod eo tempore consul designatus erat, de iis, qui in custodiis tenebantur, et praeterea de L. Cassio, P. Furio, P. Umbreno, Q. Annio, si deprehensi forent, supplicium sumundum decreverat. (ebd., 4)

Ü 11

Erstellen Sie selbst ein *Satzbild* von diesen beiden Sätzen! Achten Sie dabei vor allem auf die „Entwicklung“ des jeweiligen *Hauptsatzes*. In beiden Fällen hat sich der Schriftsteller sehr „lateinisch“ verhalten, wie Sie auch bei der Übersetzung bemerken werden!

Beispiel:

Hac oratione habita tanta constantia vocis atque vultus, ut non ex vita, sed ex domo in domum videretur migrare, cum quidem Agrippa eum flens atque osculans oraret atque obsecraret, ne id, quod natura cogeret, ipse quoque sibi acceleraret et, quoniam tum quoque posset temporibus superesse, se sibi suisque reservaret, preces eius taciturna sua obstinatione depressit. (Nep. At. 22)

Eine *Satzperiode* mit sechs Sätzen!

Ü 12

Es dürfte Ihnen nach den vielen Übungen aber nicht schwer fallen, den *Hauptsatz* herauszufinden. Vor allem, wenn Sie die *Nebensätze* „herauskristallisieren“.

Unterstreichen Sie im Text die *Nebensatzkonjunktionen* und die dazugehörigen *Prädikate*.

Wieder „schält“ sich ein besonders raffiniertes *Satzbild* heraus. Tragen Sie den Satz in die vorgegebene *Satzstruktur* ein!

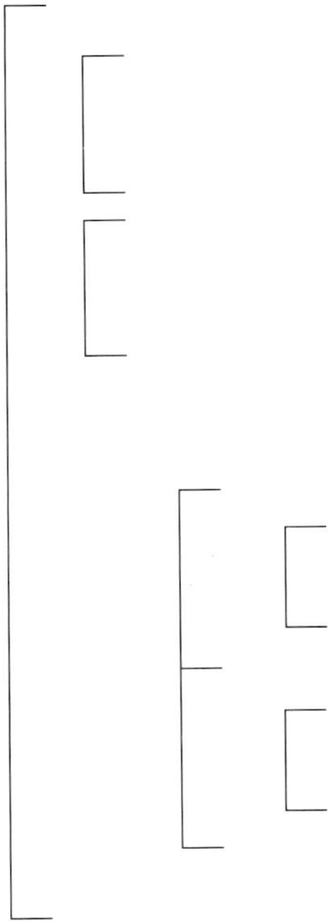

Beispiel: Die Reaktion auf die „Himmelfahrt“ des Romulus:

Romana pubes sedato tandem pavore, postquam ex tam turbido die serena et tranquilla lux rediit, ubi vacuam sedem regiam vidit, etsi satis credebat patribus, qui proximi steterant, sublimen raptum procella, tamen velut orbitatis metu icta maestum aliquamdiu silentium obtinuit. (Liv. I, 16, 2)

Nachdem sich endlich der Schrecken gelegt hatte, und nach einem so stürmischen Tag das heitere und ruhige Sonnenlicht zurückgekehrt war, glaubte zwar das junge römische Volk, als es den Königstuhl leer sah, völlig den Vätern, die am nächsten gestanden hatten, daß er von einem Windstoß in die Höhe entführt worden sei; dennoch hielt es ziemlich lange an einem wehmütigen Schweigen fest, wie aus Furcht vor der Verwaistheit getroffen.

Ü 13

Klären Sie mit Hilfe der Übersetzung folgende Fragen:

- Es finden sich im lateinischen Text zwei Rahmen: nämlich ein großer und ein kleiner. Welche sind es?

- Zwei *Konstruktionen,* die im Deutschen als eigene *Nebensätze* übersetzt werden, lassen dieses lateinische *Satzgefüge* sehr schwierig erscheinen. Welche sind es?

Zeichnen Sie ein *Satzbild!*

Beispiel:

Eine schwierige Satzperiode!

Ü 14

Ein kleiner Text des Schriftstellers Gellius mit der Überschrift „Die Aufgaben des Richters", inhaltlich anspruchslos, aber mit Bandwurmsätzen, soll für Sie als erste Probe dienen.
Sie sollten nun nach den Vorübungen imstande sein, die drei *Satzungetüme* zu durchschauen, die Einzelteile zusammenzufügen und sie zu übersetzen!

Satz 1:

Sed de his et ceteris huiuscemodi iudicialis officii tractatibus et nos posthac, cum erit otium, dicere, quid sentiamus, conabimur et praecepta Aelii Tuberonis super officio iudicis, quae nuperrime legi, recensebimus.

Die drei *„et"* verbinden verschiedene *Satzteile!* Welche? Von welchen Wörtern hängen die beiden *Nebensätze* ab?

Satz 2:

Quod ad pecuniam pertinet, quam apud iudicem peti dixisti, utare M. Catonis, prudentissimi viri, consilio, qui in oratione, quam pro L. Turio contra Cn. Gellium dixit, ita esse a maioribus traditum observatumque ait, ut si, quod inter duos actum est, neque tabulis neque testibus planum fieri possit, tum apud iudicem, qui de ea re cognosceret, uter ex his vir melior esset, quaereretur et, si pares essent seu boni pariter seu mali, tum illi, unde petitur, crederetur ac secundum eum iudicaretur.

Übertragen Sie die vorgegebene *Satzstruktur* untereinander in Ihr Heft und fügen Sie den *Haupt*- und die *Nebensätze* ein! Achten Sie darauf, daß kein Satz übrig bleibt!

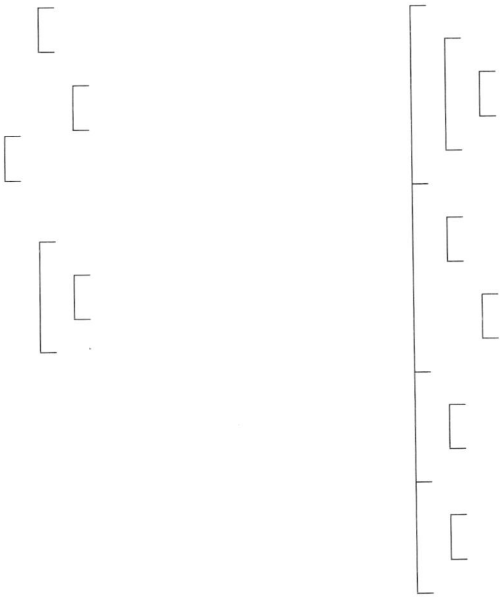

Stellen Sie in Ihrem Arbeitsheft einen Text her, in dem unterbrochene Sätze aneinander gefügt sind. Unterstreichen Sie die verschiedenen Hinweise wie *ita-ut, his, qui, cum-tamen.*

Nun zu den beiden letzten Sätzen des Textes, die es in sich haben!

Satz 3 und 4:

In hac autem causa, de qua tu ambigis, optimus est, qui petit, unde petitur deterrimus, et res est inter duos acta sine testibus. Eas igitur et credas ei, qui petit, condemnesque eum, de quo petitur, quoniam, sicuti dicis, duo pares non sunt et, qui petit, melior est.
(Gellius 14, 2, 20–23)

Entblättern Sie die Sätze, indem Sie zunächst die *Nebensätze* einklammern; übrig bleibt der *Hauptsatz!* Mit ihm fangen Sie bei der Übersetzung an!

Text und Kontext

Bisher haben wir uns mit *Satzgliedern,* Gliedsätzen, *Hauptsätzen, Nebensätzen, Perioden,* mit *Analysieren, Konstruieren, Strukturieren* beschäftigt. Ein Satz kommt aber selten allein. Erst in der Verbindung mehrerer Sätze, im *Kontext,* werden die einzelnen Sätze sinnvoll. Deshalb wollen wir jetzt das Herangehen an längere Texte versuchen und uns die verschiedenen Schritte der allmählichen Erfassung eines komplexeren Gedankengangs klarmachen. Dabei gehen wir folgendermaßen vor:

- erste Annäherung an Inhalt und Gedankenführung eines Textes,
- die Verknüpfung des *Einzelsatzes* mit dem *Kontext* und
- seine Erschließung daraus.

Dieses Kapitel ist ganz besonders wichtig im Hinblick auf Ihr Abitur, denn eine Hauptaufgabe wird die vollständige Erschließung eines längeren Textes sein.

Sich den Inhalt eines zu übersetzenden Textes gedanklich zu vergegenwärtigen, kann nicht erst „Ergebnis" einer Übersetzung sein, denn Übersetzen ist eben nicht bloß ein mechanisches Puzzle-Spiel.

Die Auswahl bestimmter Bedeutungen bei mehrdeutigen Wörtern, die Präzisierung eines Bildes usw. sind notwendige Schritte, die das Übersetzen zu einem Prozeß machen.

Ebensowenig ist natürlich der umgekehrte Weg möglich – obwohl darin eine große Versuchung liegt, die die Ursache vieler Übersetzungsfehler ist, nämlich sich aus den ersten Eindrücken beim Durchlesen einen Sinn zusammenzukonstruieren und die Sätze dann danach zurechtzubiegen.

Bei der Übersetzung lateinischer Texte ist es also notwendig, immer auf zwei Ebenen hin- und herzuspringen, nämlich

- sich über Inhalt und Gedankenführung klarzuwerden,
- den *grammatikalisch-syntaktischen* Aufbau zu *analysieren* und nachzuvollziehen.

Die folgenden Übungen sollen deshalb nicht einen bestimmten Weg vorzeichnen, sondern dazu anregen, bei der Übersetzung schwierigerer Texte immer wieder innezuhalten und den Text auch von einer anderen Seite her anzugehen. Vor allem sollten Sie sich nicht da verbeißen, wo Sie etwas nicht wissen, sondern das, was Sie wissen, sinnvoll verbinden und von da aus den Text immer wieder neu attackieren, bis er schließlich sein Geheimnis preisgibt!

Erste Annäherungsversuche an einen lateinischen Text

Den ersten, einfachsten und leider häufig mißachteten Hinweis auf den Inhalt gibt bereits die Überschrift. Verweilen Sie ruhig einen Augenblick dabei und versuchen Sie sich z. B. zu vergegenwärtigen, was Sie zu dem Thema bereits wissen, bzw. welche Fragen Sie selbst zu einem solchen Thema hätten.

Beim Lesen des Textes werden Sie natürlich versuchen, soweit als möglich Inhalt und Gedankenführung zu erahnen. Sofern Ihnen der Aufbau der einzelnen Sätze nicht auf Anhieb klar ist, ist es jetzt noch nicht möglich, zu konstruieren: damit können Sie beim Lesen der Einzelsätze beginnen. Eine erste Annäherung an den Inhalt erreichen Sie, wenn Sie den Text *quer lesen.* Achten Sie dabei auf folgende Hinweise:

1. Am hervorstechendsten sind zunächst immer **Eigennamen.** Taucht allerdings ein Eigenname nur einmal im Text auf, weil er nur als Beispiel dient, kann dies freilich auch irreführend sein. Achten Sie deshalb auf Hinweise, die die Wichtigkeit des Namens unterstreichen, z. B. auf *Pronomina*, die den Namen

wieder aufnehmen, auf Wiederholung usw. Lehnen Sie sich dann zurück und überlegen Sie, was Sie bereits alles über den Namen wissen.

2. Den **zweiten Hinweis** auf den Inhalt des Textes geben die verwendeten **Substantive.** Auch hier sollten Sie sich aber nicht mit denen abgeben, die Sie nicht kennen oder bei denen Sie sich nicht sicher sind. Gehen Sie von denen aus, die Sie bereits kennen. Ein Teil der verwendeten *Substantive* läßt sich sicher eindeutig einem Thema bzw. einem Sachgebiet zuordnen.

   Wenn Sie dazu dann die *Genitive* mit ihrem *Bezugswort,* die *Adjektive* und die *präpositionalen Ausdrücke* hinzunehmen, so können Sie auf diese Weise bereits erste *Wortblöcke* und damit *Sinneinheiten* isolieren. Seien Sie jedoch gerade auf dieser Ebene besonders vorsichtig und nehmen Sie wirklich nur das zusammen, was eindeutig zueinander gehört!

3. Der **dritte Schritt,** der Sie an ein vorläufiges Textverständnis heranführen kann, ist das Aufsuchen der **Prädikatsgruppe.** Mit der Verbindung von *Prädikat* und *Objekt(en)* isolieren Sie weitere *Wortblöcke,* die Sie weiter in den Sinnzusammenhang des Textes führen. Achten Sie dabei bei den *Verben* auch auf *Tempus* und *Numerus,* denn diese können ebenfalls wichtige Hinweise auf die *Textgattung* geben (z. B. die Verwendung von *1. und 2. Person* in Rede, Brief oder Dialog, das Vorherrschen des *Präsens* bei allgemeinen Erörterungen, das *Praeteritum* bei der Darstellung vergangener Ereignisse).

Diese drei Schritte zur ersten Texterschließung sollten Sie in den folgenden Übungen jedoch stets getrennt vollziehen, um sich dieser Methode und ihrer Grenzen ganz bewußt zu werden. Was Sie damit erreichen können, ist nämlich im besten Falle eine einigermaßen exakte *Paraphrase* (= Umschreibung mit eigenen Worten) des Textes. Bei näherem Hinsehen kann die „geheimnisvolle Schöne" ganz andere Gesichtszüge enthüllen!

Ü 15

Erschließen Sie anhand der oben entwickelten *Kriterien* den Inhalt der folgenden Texte.
Schreiben Sie nach dem 1. Schritt alle Ihnen bekannten *Substantive* in eine Reihe (*Kasus* beibehalten) und überprüfen Sie, welche *Substantive* einem Sachgebiet oder Thema zuzuordnen sind.
Bilden Sie sodann die *Prädikatsgruppen* (3. Schritt).
Übersetzen Sie die Texte und versuchen Sie ganz zum Schluß eine Überschrift zu formulieren bzw. die *Textgattung* oder das Sachgebiet des Textes anzugeben (z. B. Philosophie, politische / gerichtliche Rede, Mythos, Geschichte, Legende usw.).

1. Simul veritas pluribus modis infracta, primum inscitia rei publicae ut alienae, mox libidine adsentandi aut rursus odio adversus dominantes: ita neutris cura posteritatis inter infensos vel obnoxios. Sed ambitionem scriptoris facile averseris, obtrectatio et livor pronis auribus accipiuntur; quippe adulationi foedum crimen servitutis, malignitati falsa species libertatis inest. (Tac. hist. I, 1)

2. Tantum abest, ut scribi contra nos nolimus, ut id etiam maxime optemus. In ipsa enim Graecia philosophia tanto in honore numquam fuisset, nisi doctissimorum contentionibus dissensionibusque viguisset. Quam ob rem hortor omnis qui facere id possunt, ut

huius quoque generis laudem iam languenti Graeciae eripiant et perferant in hanc urbem, sicut reliquas omnis, quae quidem expetendae, studio atque industria sua maiores nostri transtulerunt. (Cic. Tusc. II, 4/5)

3. Qui vero etiam propria his bona adiecerit, ut suppleat quae deerant, circumcidat si quid redundabit, is erit, quem quaerimus, perfectus orator: quem nunc consummari potissimum opporteat cum tanto plura exempla bene dicendi supersunt, quam illis, qui adhuc summi sunt, contigerunt. Nam erit haec quoque laus eorum, ut priores superasse, posteros docuisse dicantur. (Quint. inst. 10, 2, 28)

4. Id quoque vitandum, in quo magna pars errat, ne in oratione poetas nobis et historicos, in illis operibus oratores aut declamatores imitandos putemus. Sua cuique proposito lex, suus decor est: nec comoedia in cothurnos adsurgit, nec contra tragoedia socco ingreditur. (Quint. inst. 10, 2, 21–22)

5. Ambitio multos mortalis falsos fieri subegit, aliud clausum in pectore, aliud in lingua promptum habere, amicitias inimicitiasque non ex re, sed ex commodo aestumare, magisque voltum quam ingenium bonum habere. Haec primo paulatim crescere, interdum vindicari; post ubi contagio quasi pestilentia invasit, civitas inmutata, imperium ex iustissimo atque optumo crudele intolerandumque factum. (Sall. Catil. 10, 5)

6. Dictator cum tumultus Gallici causa iustitium edixisset, omnes iuniores sacramento adegit ingentique exercitu ab urbe profectus in citeriore ripa Anienis castra posuit. Pons in medio erat, neutris rumpentibus ne timoris indicium esset. Proelia de occupando ponte crebra erant, nec, qui potirentur, incertis viribis satis discerni poterat. (Liv. 7, 9, 6)

Der Satz im Kontext

Das Verfahren, sich also von *Substantiv* zu *Substantiv* „hangelnd" einen ersten Zugang zum Inhalt eines Textes zu verschaffen, können Sie auch auf einzelne Sätze anwenden. Haben Sie in einem Text einen längeren oder besonders schwierigen Satz, so hilft Ihnen diese Methode, einen ersten Anhaltspunkt zu finden. Eine weitere Hilfe bietet sodann der *Kontext*.

Es empfiehlt sich also, zunächst einmal diejenigen Sätze zu übersetzen, die den schwierigen Satz umrahmen. Dabei kann insbesondere der nächstfolgende Satz wichtige Aufschlüsse geben. Achten Sie hier vor allem auf die *Überleitungen, Konjunktionen, Pronomina* u. ä. Weist z. B. die *kausale* Überleitung des nächsten Satzes auf den inhaltlichen Grund Ihres Problemsatzes hin, so läßt sich mit ein bißchen Spürsinn oftmals eine *Hypothese* aufstellen, die dann mit Hilfe der *Substantive* überprüft werden kann. Vor allem bei der Darstellung von Handlungsabläufen können meist präzise Fragen aus dem Kontext weiterhelfen.

Aber: Achten Sie immer darauf, diese Art von *Paraphrasierung* nicht an die Stelle der Übersetzung treten zu lassen, sondern benutzen Sie sie ganz bewußt nur als Hilfsmittel *vor* der eigentlichen Übersetzung bzw. zur Überprüfung *während* und *nach* der Übersetzung.

Ü 16

In den folgenden Sätzen haben wir Ihnen schon einen Teil der Arbeit abgenommen und den *Kontext* bereits übersetzt. Überprüfen Sie aber zunächst anhand der *Überleitungen,* in welchem logischen und evtl. auch zeitlichen Verhältnis der Problemsatz zum *Kontext* steht bzw. welche weiteren Hinweise die Überleitung gibt (z. B. durch ein *Pronomen,* durch den *Ablativus absolutus*).

Suchen Sie dann alle Ihnen bekannten *Substantive* (gegebenenfalls mit *Adjektiv* und *Präposition*) und die *Prädikatsgruppen* heraus und versuchen Sie schließlich, eine Hypothese über den Inhalt des Problemsatzes zu formulieren und diesen zu übersetzen.

1. Als mehrere Schiffe zerschellt und die übrigen nach Verlust der Taue, der Anker und des übrigen Takelwerkes nicht mehr seetüchtig waren, bemächtigte sich des ganzen Heeres – es mußte ja so kommen, – ein großer Schrecken. Es gab nämlich keine anderen Schiffe, auf denen man hätte zurücktransportiert werden können. Es fehlte außerdem alles, was zur Reparatur der Schiffe notwendig war, und es war, weil allgemein die Ansicht bestand, daß man in Gallien überwintern müsse, in diesen Gegenden für den Winter kein Verpflegungsvorrat angelegt worden.

Quibus rebus cognitis principes Britanniae, qui post proelium ad Caesarem convenerant, inter se conlocuti, cum et equites et naves et frumentum Romanis deesse intellegerent et paucitatem militum ex castrorum exiguitate cognoscerent, quae hoc erant etiam angustiora, quod sine impedimentis Caesar legiones transportaverat, optimum factu esse duxerunt rebellione facta frumento commeatuque nostros prohibere et rem in hiemem producere, quod his superatis aut reditu interclusis neminem postea belli inferendi causa in Britanniam transiturum confidebant.

Deshalb verschworen sie sich und begannen, nach und nach das Lager wieder zu verlassen und ihre Landsleute heimlich von der Feldarbeit wieder heranzuholen. Aber obwohl Caesar ihre Absichten noch nicht durchschaute, ahnte er doch infolge des Mißgeschickes seiner Schiffe und der Tatsache, daß plötzlich keine Geiseln mehr gestellt worden waren, es werde kommen, was dann auch wirklich geschah. (Caes. Gall. IV 30, 1–31, 1)

2. Im Konsulatsjahr des Gnaeus Pompeius und Marcus Crassus war nämlich die Amtsgewalt der Volkstribunen wiederhergestellt worden. Hatten nun junge Leute dies einflußreiche Amt erlangt, so begannen sie mit der Rücksichtslosigkeit, die ihrem Alter und ihrer Art entsprach, durch Vorwürfe gegen den Senat die Masse aufzuhetzen und dann durch Geschenke und Versprechungen sie noch mehr zu entflammen, sich selbst aber auf diese Weise Ansehen und Macht zu verschaffen. Gegen sie stemmte sich mit allen Mitteln der größte Teil des Adels, scheinbar für den Senat, in Wirklichkeit aber für die eigene Machtstellung.

Namque, ut paucis verum absolvam, post illa tempora quicumque rem publicam agitavere, honestis nominibus, alii sicuti populi iura defenderent, pars, quo senatus auctoritas maxuma foret, bonum publicum simulantes pro sua quisque potentia certabant.

Sie kannten weder Maß noch Ziel bei ihrem Kampfe; rücksichtslos suchten beide Parteien ihren Sieg auszunutzen. (Sall. Catil. 38, 1–4)

3. Das ganze Leben der Philosophen ist ja, wie Sokrates sagt, eine Vorbereitung auf den Tod.

Nam quid aliud agimus, cum a voluptate, id est a corpore, cum a re familiari, quae est ministra et famula corporis, cum a re publica, cum a negotio omni sevocamus animum, quid, inquam, tum agimus, nisi animum ad se ipsum advocamus, secum esse cogimus maximeque a corpore abducimus?

Den Körper aber von der Seele trennen heißt ja nichts anderes als: sterben lernen. Deshalb wollen wir uns darum kümmern, glaub mir, und uns vom Körper lösen, also uns ans Sterben gewöhnen. (Cic. Tusc. I, 75)

Textbefragung

Sie haben sich nun an den Inhalt eines Textes bzw. eines Einzelsatzes herangetastet. Als nächstes müssen Sie unbedingt den *Satzaufbau* analysieren, denn nur so werden Sie sich über die logische Verbindung klar, die der Autor den einzelnen Sinneinheiten geben wollte.

Der nächste Schritt ist also das Aufsuchen des *Hauptsatzes* und seiner Hauptbestandteile, danach die *Analyse* der *Abhängigkeitsverhältnisse,* wie wir Sie bereits detailliert besprochen haben.

Aber auch bei der *Satzanalyse* und Übersetzung, wie wir sie bisher geübt haben, gibt es immer wieder Punkte, an denen die Rückbesinnung auf den *Kontext* notwendig und die Formulierung präziser Fragen aus dem *Kontext* hilfreich sein kann. Das hängt vom jeweiligen lateinischen Text ab, aber auch von Ihren individuellen Fähigkeiten, Ihrer Intuition und Ihrem Kenntnisstand. Wir können Ihnen dazu also kein Rezept anbieten. Trotzdem wollen wir Ihnen im folgenden anhand von ausgewählten Übungen vorführen, wie *Kontext, Textbefragung* und *Analyse der Konstruktion* ineinandergreifen können. Zuvor aber noch einige Erläuterungen:

Der Satz als *Kontext* ist vor allem dann wichtig, wenn Wörter auftauchen, die eine größere Bedeutungsbreite besitzen. Bei *Nomina* stellt sich dieses Problem besonders dann, wenn es sich um abstrakte Begriffe, z. B. im philosophischen Bereich, handelt. Einige dieser Bezeichnungen können oft nur näherungsweise ins Deutsche übertragen werden. In solchen Fällen empfiehlt es sich, den lateinischen Ausdruck zunächst stehen zu lassen (*Kasus* beachten!) und erst aus dem *Kontext* zu überprüfen, welche Ihnen bekannte Bedeutung hier passen könnte oder ob eine andere Formulierung besser wäre. Ebenso verfährt man mit den *Nomina,* die man nicht auf Anhieb weiß. Ihre Bedeutung kann man – sofern sie nicht *Subjekt* bzw. *Objekt* sind – vorerst vernachlässigen, um zunächst einmal den Aufbau des Satzes zu analysieren. Meist handelt es sich dabei um *Adjektive* oder *Adverbiale,* also um die freien Angaben im Satz. Auch wenn Sie dann trotzdem noch im Wörterbuch nachsehen müssen, haben Sie auf diese Weise den Vorteil, den konzentrierten Arbeitsablauf nicht unterbrechen zu müssen.

Ü 17

Im folgenden Text haben wir Ihnen wiederum bereits einen Teil der Arbeit abgenommen und den *Kontext* schon übersetzt. Suchen Sie aus einem (möglichst umfangreichen) Wörterbuch die Bedeutungen von *sapientia* und *ratio* heraus. Tragen Sie auf einer Skala zwischen den beiden Polen *konkret – abstrakt* die wichtigsten Bedeutungen ein. Wählen Sie dann diejenige aus, die Ihrer Meinung nach den Text sinnvoll ergänzt.

Ein sapiens Mann führte einst die Menschen, die verstreut übers Land oder versteckt in den Wäldern gelebt hatten, ratione quadam an einen Ort zusammen und lehrte sie alles Nützliche und Ehrenwerte. Zuerst protestierten sie wegen des Ungewohnten, dann aber hörten sie wegen rationem et orationem eifriger zu, und er machte sie aus wilden Ungeheuern zu gesitteten menschlichen Wesen. Auch ich glaube, daß die sapientia, die nicht stumm und sprachlos ist, die Menschen von ihrer Gewohnheit abbringt und zu verschiedenen rationes des Lebens führt. (Cic. inv. I, 2)

Schwieriger wird es allerdings, wenn ein vieldeutiges *Verb* vorliegt. Zunächst können Sie versuchen, am Satzaufbau zu erkennen, ob das *Verbum transitiv, intransitiv* oder mit einer anderen *Konstruktion* (z. B. *A.c.i.*) verbunden ist. Damit ist bei mehrdeutigen *Verben* die Entscheidung manchmal schon gefallen (z. B. bei *contendere*).

Ist der Zusammenhang jedoch nicht ohne weiteres zu erkennen, so bieten sich zwei *„Kontextfragen"* an: – Welche Bedeutung wäre vom *Kontext* her sinnvoll? – Welches Wort im Satz ergibt eine sinnvolle Verbindung mit einer *Verb*bedeutung?

Erinnern Sie sich dabei an die Stellungsregel, die wir im ersten Teil dieses Buches erarbeitet haben: Die Verbindung von *Prädikat* und zugehörigem *Objekt* zur *Prädikatsgruppe* ist im lateinischen Satz fast immer eingehalten.

Ü 18

In den folgenden Sätzen, die alle demselben größeren *Kontext,* nämlich Caesars *Bellum Gallicum* entnommen sind, taucht *agere* in verschiedenen Bedeutungsnuancen auf. Überlegen Sie zunächst, welche der Ihnen bekannten Bedeutungen von *agere* in diesem *Sinnzusammenhang* – d. h. der Darstellung von kriegerischen Unternehmungen – sinnvoll und welche eher unwahrscheinlich sind (z. B. *deklamieren*). Schon jetzt können Sie ein Wörterbuch zu Hilfe nehmen.

Versuchen Sie dann, in den Sätzen die *Prädikatsgruppe* bzw. die Hauptbestandteile des Satzes zu identifizieren. Suchen Sie zum Schluß mit Hilfe des Wörterbuchs die passende Bedeutung heraus und übersetzen Sie alle Sätze.

1. Interim dum de condicionibus inter se agunt longiorque consulto ab Ambiorige instituitur sermo, paulatim circumventus interficitur. (Caes. Gall. V, 37, 2)

2. Facta potestate eadem, quae Ambiorix cum Titurio egerat, commemorant. (Caes. Gall. V, 41, 2)

3. Hostes maximo clamore sicuti parta iam atque explorata victoria turres testudinesque agere et scalis vallum ascendere coeperunt. (Caes. Gall. V, 43, 3)

4. Caesar ... ex omnibus partibus castra altiore vallo muniri portasque obstrui atque in his administrandis rebus quam maxime concursari et cum simulatione agi timoris iubet. (Caes. Gall. V, 50, 5)

Überprüfung des Verständnisses durch Fragen

Gezielte Fragen aus dem *Kontext* können auch bei der *Satzanalyse* helfen, Sinneinheiten zu isolieren. Das ist freilich nur dann sinnvoll, wenn Sie die Hauptbestandteile des Hauptsatzes bereits fest im Griff haben, denn sonst wird daraus allzu leicht ein zielloses Raten. Auf diese Weise können jedoch die freien Angaben in *Satzgliedern* und *Nebensätzen* (z. B. *Attributiv-* und *Adverbialsätze*) geordnet werden. Für solche Fragen kann es natürlich kein einheitliches Schema geben, da sie sich weitgehend aus der Logik des jeweiligen Textes ergeben. Wir wollen hier lediglich einige Anregungen geben, in welche Richtung man fragen kann:

Frage	Mögliche lateinische Form
1. Werden Subjekt bzw. Objekt(e) genauer beschrieben?	Relativsatz, Genitivattribut, Adjektiv, Participium coniunctum
2. Gibt es Angaben über Ort und Zeit?	präpositionaler Ausdruck, temporaler Nebensatz, AmP, Adverb
3. Gibt es Angaben über Art und Verlauf, über besondere Umstände?	Adverb, AmP, Adverbialer Nebensatz, substantivische nd-Form, präpositionaler Ausdruck
4. Gründe, Motive, Ziele?	wie 3.; außerdem Finalsatz
5. Hinderungsgründe, Hilfsmittel?	wie 3.; instrumentaler Ablativ
6. Auswirkungen, Schaden, Nutzen?	Dativ, Konsekutivsatz

Sie sind nun am Ende dieses Arbeitsbuches angelangt. Sie haben gelernt, mit lateinischen Augen zu lesen und die lateinischen *Strukturen* in eine deutsche Form zu übertragen.

Ü 19

Als spielerische Übung zum Abschluß wollen wir Ihnen nun vorschlagen, einmal selbst Autor zu sein und einen lateinischen Satz zu bauen. Treffen Sie dabei Ihre ganz persönliche Entscheidung, welche Informationen Sie geben, welche Sie besonders in den Vordergrund stellen, welche anderen Sie eher am Rande erwähnen möchten.

Um Ihnen jetzt nicht plötzlich eine Übersetzung ins Lateinische abzuverlangen und um vor allem einen Vergleich mit einem richtigen römischen Autor zu ermöglichen, haben wir innerhalb eines *Kontextes,* den wir bereits übersetzt haben, einen lateinischen Satz auf das grammatikalisch Notwendige reduziert. Alle zusätzlichen Informationen, die der tatsächliche Text Caesars enthält, haben wir in wahlloser Reihenfolge daruntergeschrieben.

Wählen Sie nun aus diesen zusätzlichen Informationen diejenigen aus, die Ihnen für die Geschichte wichtig erscheinen und stellen Sie sie dort hin, wo es die Stellungsregeln erlauben und wo sie ihrer Bedeutung nach auch hinpassen. Spielen Sie mit den Möglichkeiten und genießen Sie es, selbst die Entscheidung treffen zu können!

Nach einem Überraschungsangriff der Germanen, der den Waffenstillstand brach, unternimmt das römische Heer eine Strafaktion gegen das germanische Lager:

Unsere Soldaten brachen voller Wut über die gestrige Treulosigkeit ins Lager der Germanen ein. Hier leisteten die, welche schnell zu den Waffen greifen konnten, uns kurze Zeit Widerstand, indem sie zwischen ihren Wagen und ihrem Troß kämpften. Die übrige Menge dagegen, Frauen und Kinder, – sie waren nämlich mit Kind und Kegel ausgewandert und über den Rhein gegangen – begann, in alle Richtungen zu fliehen. Ihnen nachzujagen, schickte Caesar die Reiterei aus.

Germani se eiecerunt et reliqui se praecipitaverunt atque perierunt.

Unsere Truppe zog sich ohne einen einzigen Verlust mit nur ganz wenigen Verwundeten aus einem so furchtbaren Gefecht ins Lager zurück. (Caes. Gall., IV, 14, 3–15, 3)

timore, lassitudine, vi fluminis oppressi

in flumen

post tergum clamore audito

ex castris

cum ad confluentem Mosae et Rheni pervenissent

reliqua fuga desperata

ibi

magno numero interfecto

cum suos interfici viderent

armis abiectis signisque militaribus relictis

Verzeichnis der zitierten lateinischen Schriftsteller und Werke

Ascon.	Asconius Pedianus (9 v. Chr. – 76 n. Chr.) In Milonianam Ciceronis orationem
Aug.	Augustinus (354 – 430 n. Chr.) civ.: De civitate Dei
Caes.	C. Julius Caesar (100 – 44 v. Chr.) Gall.: De bello Gallico
Catull.	C. Valerius Catullus (87 – 54 v. Chr.) carm.: Carmina
Cic.	M. Tullius Cicero (106 – 43 v. Chr.) ad fam.: Ad familiares Brut.: Brutus Cat.: In L. Catilinam De orat.: De oratore div.: De divinatione inv.: De inventione Lael.: Laelius de amicitia leg.: De legibus nat.: De natura deorum off.: De officiis rep.: De re publica Sull.: Pro P. Sulla Tusc.: Tusculanae disputationes Verr.: In Verrem
Gell.	Gellius (geb. ca. 130 n. Chr.) Noctes Atticae
Lact.	Lactantius (3./4. Jh. n. Chr.) inst.: Divinae institutiones
Liv.	Titus Livius (59 v. Chr. – 17. n. Chr.) Ab urbe condita perioch.: Ab urbe condita librorum periochae
Mon. Ancyr.	Res gestae divi Augusti (Monumentum Ancyranum)
Nep.	Cornelius Nepos (ca. 100 – 25 v. Chr.) Att.: Atticus
Petron.	Petronius (gest. 66 n. Chr.) Satirae (Satyricon)
Pompon. dig.	Sextus Pomponius (130–180 n. Chr.) Digesta
Publil. Syr.	Publilius Syrus, Sententiae
Quint.	Quintilianus (ca. 35 – 95 n. Chr.) inst.: Institutio oratoria
Sall.	Sallustius (86 – ca. 35 v. Chr.) Catil.: De coniuratione Catilinae
Sen.	Seneca der Jüngere (ca. 4 v. Chr. – 65 n. Chr.) epist.: Epistulae ad Lucilium nat.: Naturales quaestiones
Tac.	Cornelius Tacitus (ca. 55 – 120 n. Chr.) ann.: Annales Germ.: Germania hist.: Historiae

zu Seite 102:
Karikatur „Urteilsbegründung“ aus: Olaf Gulbranssen (Hg.), Simplicissimus 1965,
(c) by Albert Langen-Georg Müller Verlag
in der F. A. Herbig Verlagsbuchhandlung GmbH München

Grammatischer Anhang

Verben mit abweichendem Kasus

Die Bedeutungen des Ablativs

Verben, die den A.c.i. regieren

Zeitverhältnisse im A.c.i. und N.c.i.

Übersetzungsmöglichkeiten des A.c.i.

Das Partizip und Besonderheiten

Übersetzungsmöglichkeiten für das Participium coniunctum

Übersetzung des AmP

nd-Formen in Verbindung mit Verben des Gebens, Nehmens, Besorgens

Tabelle der wichtigsten Konjunktionen

Verben mit abweichenden Kasus

Hier sollte man sich an die **Verben** erinnern, die ihre **Objekte in einen anderen Kasus setzen als im Deutschen:**

1. Folgende Verben werden im Lateinischen *von einem anderen Kasus regiert:*

adiuvare	= **Akkusativ**	helfen	statt Dativ
fugere		entfliehen	
deficere		fehlen	
decet		es ziemt sich	
fallit		es entgeht	
fugit			

nubere	= **Dativ**	heiraten	statt Akkusativ
parcere		schonen, sparen	
favere		begünstigen	
studere		erstreben	
invidere		beneiden	
persuadere		überreden, überzeugen	
mederi		heilen	

oblivisci	= **Genitiv**	vergessen	statt Akkusativ
reminisci		sich erinnern an	
meminisse			
recordari			
misereri		bemitleiden	

2. Besonders schwer ist es, sich den **Ablativ als Objekt** zu merken! Denn 1. gibt es im Deutschen keinen Ablativ, und 2. kennen wir ihn im Lateinischen vor allem als *adverbiale Bestimmung*. Aber bei folgenden Verben tritt er als **Objekt** auf:

carere	= **Ablativ**	entbehren	statt Akkusativ
egere		brauchen	
uti		benützen	
fungi		verwalten	
frui		genießen	
potiri		sich bemächtigen	
vesci		sich ernähren	

3. Bei den **unpersönlichen Verben** („es ärgert mich etwas"), die im Deutschen meistens persönlich behandelt werden („ich ärgere mich über etwas"), setzt das Lateinische **zwei Objekte.** Die Person, welche die Empfindung hat, steht im *Akkusativ,* der Gegenstand (Person oder Sache) im *Genitiv:*

Akkusativ +	paenitet – es reut (ich bereue) pudet – es beschämt (ich schäme mich) piget – es ärgert (ich ärgere mich) taedet – es ekelt (ich ekle mich) miseret – es ergreift Mitleid (ich habe Mitleid)	+ **Genitiv**

Die Bedeutungen des Ablativs

Art	Funktion	Beispiel
Ablativus *modi*	gibt die Art und Weise an: **wie** geschieht etwas?	aequo animo; hoc modo
Ablativus *causae*	gibt einen Grund, eine Ursache an: **warum** geschieht etwas?	gaudio lacrimare; ira incensus
Ablativus *instrumenti*	gibt ein Mittel, Instrument an: **womit** geschieht etwas	navibus flumen transierunt; servus paucis verbis scelus confessus est
Ablativus *temporis*	gibt die Zeit an: **wann** geschieht etwas?	hoc anno; hieme
Ablativus *separationis*	gibt eine Trennung an: **wovon** trennt einer sich?	plebei patriciis magistratibus arcebantur; legatus copias castris eduxit

Verben, die den A.c.i. regieren

Als **Objekt** steht der A.c.i. nach

– **den Verben des Sagens** *(verba dicendi)*:
dicere – sagen
contendere – behaupten
(bei den anderen Bedeutungen von contendere: sich anstrengen, sich beeilen, kämpfen **kein** A.C.I.)
persuadere – überzeugen
(dagegen als überreden mit finalem ut)

- **den Verben der geistigen Wahrnehmung** *(verba sentiendi):*
  animadvertere – wahrnehmen
  cogitare – denken
  putare – glauben
  Nach diesen Verben gibt der A.c.i. eine *Aussage* wieder.
- **den Verben der Gemütsbewegung** *(verba affectus):*
  gaudere – sich freuen
  mirari – sich wundern
  dolere – Schmerz empfinden
  In diesen Fällen gibt der A.c.i. den *Grund* der Gemütsbewegung an.
- **bei einigen Verben des Wünschens, Verbietens und Veranlassens,** wenn das Subjekt wechselt, z. B.:
  velle – wollen
  nolle – nicht wollen
  malle – lieber wollen
  iubere – befehlen (aber: imperare mit „ut“)
  vetare – verbieten
  cupere – wünschen
  studere – wünschen (aber: id studere, ut)
  sperare – hoffen
  In diesen Fällen drückt der A.c.i. einen *Wunsch* aus.

Beispiel:
Parentes liberi esse volunt.
Die Eltern wollen frei sein.
Parentes liberos beatos esse volunt.
Die Eltern wollen, daß ihre Kinder glücklich sind.

Die meisten anderen Verben dieser Art verbinden sich mit einem *finalen ut-Satz,* z. B. optare.

Als **Subjekt** erscheint der A.c.i. nach:

- **unpersönlichen Ausdrücken,** die mit den *verba dicendi, sentiendi* und *affectus* **sinnverwandt** sind:
  constat – es ist bekannt
  me fugit, fallit – es entgeht mir
  apparet – es ist offenbar
- bei anderen **unpersönlichen Ausdrücken** und bei esse (*haberi* und ähnlichen *kopulativen Verben*) **in Verbindung mit einem Prädikatsnomen,** und zwar dann, **wenn ein bestimmtes Subjekt eingeführt wird:**
  mos est – es ist Gewohnheit
  interest, refert – es ist von Wichtigkeit
  iuvat, prodest, expedit, conducit – es nützt
  praestat – es ist besser

Zeitverhältnisse im A.c.i. (und N.c.I.)

Der Infinitiv bezeichnet keine absolute Zeit, sondern stellt nur ein Zeitverhältnis zum regierenden Verb her:

Vorzeitig	finite Verbform **gleichzeitig**	**nachzeitig**
Infinitiv Perfekt	Infinitiv Präsens	Infinitiv Futur
Endungen:		
Aktiv: *-isse*	*-re*	*-urum, -am, -um esse*
Passiv: *-um esse*	*-ri*	*-um iri*

Übersetzungsmöglichkeiten des A.c.i.:

Zur Verdeutlichung der Übersetzungsmöglichkeiten des A.c.i. nehmen wir unseren Mustersatz:

Cicero ⟨Romanos animo forti magnas res peregisse⟩ docuit.

Die erste und in den meisten Fällen auch gute Übersetzung ist der deutsche „daß"-Satz. Dies gilt als eherne Grundregel:

Cicero lehrte, daß die Römer durch Mut große Dinge geleistet haben.

Vor allem in Fällen, in denen der A.c.i. relativ kurz ist, kann der daß-Satz allzu schwerfällig wirken. Es stehen folgende Übersetzungsmöglichkeiten zur Wahl:

1. Gliedsatz ohne Konjunktion
Diese Möglichkeit besteht vor allem bei den *Verba dicendi* als eine Form der indirekten Rede:

Cicero lehrte, die Römer hätten durch Mut große Dinge geleistet.

2. Das regierende Verb wird im Deutschen zur adverbialen Bestimmung.
Diese Übersetzungsmöglichkeit bietet sich vor allem bei den *unpersönlichen Ausdrücken* an, die mit einem daß-Satz äußerst schwerfällig wirken, z. B. *apparet* = offensichtlich, *constat* = bekanntlich usw.
Obwohl die Wiedergabe des A.c.i. mit Hilfe einer *adverbialen Bestimmung* für das regierende Verb oft eine elegante Lösung ist, muß man darauf achten, daß gegenüber den Intentionen des Autors eine Gewichtsverschiebung stattfindet: Das, was der Autor zum Hauptsatz gemacht hat, „verschwindet" im Deutschen in einer bloßen adverbialen Bestimmung.

Nach der Lehre Ciceros vollbrachten die Römer Großes durch ihren Mut.

3. Das regierende Verb wird aus dem Satzganzen herausgelöst und als Parenthese (Einschub) wiedergegeben. Auch hier findet gegenüber dem lateinischen Satz eine Gewichtsverschiebung statt, aber die *Parenthese* hebt das Verb dennoch stärker hervor.

Die Römer vollbrachten – wie Cicero lehrte – durch ihren Mut Großes.

4. Vor allem bei den *Verben des Wünschens, Befehlens und Veranlassens:* Infinitiv mit zu.

Caesar pontem rescindi iussit.

Caesar befahl, die Brücke abzubrechen.

Das Partizip und Besonderheiten

finite Verbform		
vorzeitig	gleichzeitig	nachzeitig
Partizip Perfekt Passiv *-us, -a, -um*	**Partizip Praesens Aktiv** *-ns*	**Partizip Futur Aktiv** *-urus, -a, -um*

Einige **PPP haben aktivische Bedeutung,** besonders die, die sich aufs Essen beziehen:

pransus, cenatus, potus	einer der, gefrühstückt, gegessen, getrunken hat, nach dem Frühstück usw.
iuratus	einer der, geschworen hat

Bei manchen **Deponentien** und **Semideponentien** stellt das PPP Gleichzeitigkeit zum regierenden Verb her:

ratus, arbitratus	in der Meinung
admiratus	voll Verwunderung
miseritus	aus Erbarmen
veritus	aus Furcht
gavisus	voll Freude
secutus	folgend
confisus	im Vertrauen auf
usus	gebrauchend, mit

Gelegentlich kann das PPP eine Unmöglichkeit ausdrücken:

invictus	unbesiegbar
immensus	unermeßlich

Übersetzungsmöglichkeiten für das Participium coniunctum

Itaque ⌊cives oppidum fortiter defendentes⌋ fame laborabant.

Grundregel: Ein *Participium coniunctum* wird durch einen Relativsatz übersetzt.

Deshalb litten die Bürger, die die Stadt tapfer verteidigten, Hunger.

1. Eine **wörtliche Übersetzung** ist in der Regel nur dann erträglich, wenn der Partizipialausdruck sehr kurz ist.

Deshalb litten die die Stadt tapfer verteidigenden Bürger Hunger.

2. Am elegantesten ist die Übersetzung durch einen **präpositionalen Ausdruck**.

Deshalb litten die Bürger bei der tapferen Verteidigung der Stadt Hunger.

3. Außer dem **Relativsatz** können auch andere Nebensätze sinnvoll sein, z. B. **Kausal-, Temporal-, Modalsatz** usw.

4. Anstelle der Unterordnung kann der Partizipialausdruck auch zu einem **beigeordneten Satz** umgewandelt und mit dem regierenden Verb durch eine **beiordnende Konjunktion** verbunden werden. Das stellt zwar den Sinnzusammenhang oft erst deutlich heraus, aber es findet gegenüber den Intentionen des lateinischen Autors – der diese Möglichkeit ja auch hätte wählen können! – dabei eine Gewichtsverschiebung statt.

Deshalb verteidigen die Bürger die Stadt tapfer und litten so Hunger.

Die Übersetzung des **Participium coniunctum** durch einen Relativsatz kommt dem Lateinischen auch insofern entgegen, als die Sinnrichtung nicht genau festgelegt wird. In allen anderen Fällen muß der deutsche Übersetzer sich je nach dem Satzinhalt für eine Bedeutungsrichtung entscheiden, z. B. *temporal, kausal* etc. und dies durch *Konjunktionen* bzw. *Präpositionen* wiedergeben:

	Unterordnung	Beiordnung	Präpositional
temporal	als, nachdem während solange	dann, darauf unterdessen	nach, auf ... hin während, unter in
modal	indem ohne daß	so	bei ohne
kausal	da, weil	daher, deshalb	wegen, aus
konzessiv	obwohl wenn auch	trotzdem dennoch	trotz
konditional	wenn	—	im Falle

Übersetzung des AmP

Der Mustersatz

Tum oppido a civibus fortiter defenso hostes se receperunt.

wird nach der Grundregel durch einen **Temporalsatz** wiedergegeben.

Dann zogen sich die Feinde zurück, nachdem die Stadt von den Bürgern tapfer verteidigt worden war.

Besonders beim **PPP** empfiehlt sich oft eine Umwandlung ins **Aktiv**, da die deutschen Passivformen sehr schwerfällig wirken:

Dann zogen sich die Feinde zurück, nachdem die Bürger die Stadt tapfer verteidigt hatten.

Aber Vorsicht, wenn im Lateinischen die betroffene(n) Person(en) nicht genannt ist/sind!

Außer dem **Relativsatz** (denn der abl. abs. ist ja absolut!) gelten ansonsten alle Übersetzungsmöglichkeiten, die für das **Participium coniunctum** aufgezählt sind.

nd-Formen in Verbindung mit Verben des Gebens, Nehmens, Besorgens

Nur der Vollständigkeit halber erwähnen wir hier auch den *prädikativen Gebrauch der nd-Formen* in Verbindung mit Verben wie

dare, tradere, mittere committere, permittere, relinquere, suscipere, curare.

Meist gibt es bei der Übersetzung kaum Probleme: das Gerundiv drückt den Zweck der Handlung aus:

Beispiel:

librum tibi legendum mitto	ich schicke dir ein Buch zum Lesen
Bellum gerendum Pompeio traditum est	Dem Pompeius wurde die Führung des Krieges anvertraut.

Tabelle der wichtigsten Konjunktionen

Als Verbinder, sozusagen als Zement zwischen Sätzen und Satzteilen, verwendet der Lateiner folgende **Konjunktionen**:

Art	Beiordnende Konjunktionen
kopulative (anreihende):	et, atque, ac, -que und; neque, nec (neve nur in Begehrs- und Finalsätzen) und nicht; etiam (steigernd), quoque auch
adversative (entgegensetzende):	sed, autem, at (entgegensetzend), verum, vero (steigernd) aber; tamen dennoch, neque vero aber nicht
kausale (begründende):	nam, enim denn; neque enim denn nicht
konklusive (folgernde):	itaque daher; igitur, ergo (folgernd), proinde (auffordernd) also, demnach
disjunktive (trennende):	aut (ausschließend), vel (die Wahl lassend), sive, seu oder
korrespondierende (einander entsprechende):	et – et, cum – tum sowohl – als auch; ut – ita wie – so, zwar – aber; non solum (modo) – sed etiam nicht nur – sondern auch; neque – neque, nec – nec weder – noch; neque – et einerseits nicht – andererseits; aut – aut (ausschließend), vel-vel (die Wahl lassend) entweder – oder; sive – sive, seu – seu vielleicht – oder, sei es – oder; modo-modo bald – bald, partim-partim teils – teils, primum – deinde (-denique) zuerst – dann (schließlich)

Unterordnende Konjunktionen I *(cum; dum; ne)*

cum b. Ind.			
1. **temporale I**	damals als; wenn	bei genauer Zeitangabe	cum Augustus imperio Romano praefuit, Christus natus est. veniam, cum potero
2. **temporale II**	sobald (als)	meist Ind. Pf.	amicus, cum primum advenit, me adiit
3. **iterativum**	sooft (als); jedesmal, wenn	meist Ind. Pf. b. Wiederholung (auch quotiens)	cum rus veni, vita tranquilla me delectat. defendam iniuriam, cum potero
4. **inversum**	als plötzlich; Hauptsatz mit „da"	Umkehrung: Nebensatz bringt Haupthandlg.	nondum epistulam tuam legeram, cum ipse intravisti
5. **coincidens**	indem; dadurch, daß; wenn	zeitl. u. sachl. Zusammenfall	cum tacent, confitentur
cum b. Konj.			
1. **historicum**	als	zeitl. Vorbereitg. e. Fortschritts i. d. Erzählung	cum litteras tuas accepissem, gavisus sum
2. **causale**	da, weil	Grund	quae cum ita sint, manebo
3. **concessivum**	obgleich, obwohl	Einräumung	cum possideant plurima, plura petunt
4. **adversativum**	während hingegen	Gegensatz	cum scribere debeas, ludis
5. **modale**	indem, wobei	Art u. Weise	abiit, cum diceret
dum b. Ind.			
1. **temporal**	während	nur Ind. Präs.	dum haec geruntur, nuntius allatus est
2. **temporal**	solange als (bis)	auch donec, quoad (quamdiu)	dum spiro, spero non desinam, dum opus perfecero
dum b. Konj.			
1. **temporal-final**	solange bis, bis	auch donec, quoad	exspectabam, dum omnes convenirent
2. **konditional-begehrend**	wenn nur, wofern nur	auch modo, dummodo	oderint, dum metuant
ne b. Konj.			
1. **begehrend**	daß nicht, Inf.	bei Begehr	cura, ne cadas
2. **begehrend**	daß, Inf.	nach fürchten u. hindern	timeo, ne sero veniam impedio, ne hoc fiat
3. **final**	damit nicht, um nicht zu	Zweck od. Absicht	Hannibal clam navem conscendit, ne Romani se comprehenderent

Unterordnende Konjunktionen II *(quamquam; quin; quod)*

quamquam b. Ind. **konzessiv**	obgleich, obwohl	auch etiamsi, etsi, tametsi b. Ind. u. Konj.	quamquam (etsi) volet, nemo mortem effugiet etsi velit, nemo mortem effugiat
quamvis b. Konj. **konzessiv**	wie sehr auch, wenn auch noch so sehr		Aristides, quamvis pauper esset, summa fuit auctoritate
postquam b. Ind. **temporal**	nachdem seitdem	Ind. Pf. Ind. Pr. Impf., Plqpf.	amicus, postquam profectus est, litteras misit amicus, postquam profectus erat, tacebat
priusquam b. Ind. **temporal**	bevor, ehe	auch antequam Ind. Pr., Pf., Fut. II	ne dixeris, priusquam interrogatus eris
priusquam b. Konj. **temporal-final**	bevor, damit nicht erst	Konj., Pr., Impf., Plqpf.	abiimus, priusquam retineremur
quasi b. Konj. **komparativ – konditional**	wie wenn, als ob	auch tamquam (si) velut(si), utsi, ac si	abit, quasi (velutsi) quid timeat
quin b. Konj. 1. **(im Lat. fragend)** 2. **begehrend** 3. **konsekutiv**	daß daß, Inf. daß nicht, ohne zu daß	nach verneintem Zweifeln nach verneintem Hindern nach verneintem Hauptsatz nach doppelter Verneinung	non dubito, quin hoc verum sit non recuso, quin veniam nihil est tam difficile, quin perficere possim non multum afuit, quin caderem

quod b. Ind.			
1. **faktisch**	die Tatsache, daß; daß	bei Tatsachen	quod victor victis pepercit, laudandum est
2. **faktisch**	daß	nach Verben d. Affekts u. wertenden Ausdr. d. Geschehens	bene accidit (gaudeo), quod venisti
3. **faktisch**	was das anbetrifft, daß; wenn	bezugnehmend	quod me mentitum esse putas, erras
4. **kausal**	da, weil; daß	auch quia, quoniam, quandoquidem	aegrotus medico gratias egit, quod eum iuverat (bei inn. Abhängigkeit: se iuvisset)
quod b. Konj.			
1. **faktisch**	daß, Inf.	nach non est (habeo)	non est, quod querar
2. **kausal**	nicht als ob	nur vereint, bei bloßer Annahme	te non iuvabo, non quod non possim, sed quod nolo

Unterordnende Konjunktionen III *(quo; quin; si; ubi; ut)*

quo b. Konj.			
1. **final**	damit desto	quo = ut eo	legem brevem esse oportet quo facilius teneatur
2. **kausal**	nicht als ob	nur vereint, b. bloßer Annahme	te non iuvabo, non quo non possim, sed quod nolo
quominus b. Konj.			
begehrend	daß, Inf.	nach hindern	impedio, quominus hoc fiat
si b. Ind. u. Konj.			
1. **konditional**	wenn, falls	real potential irreal	si hoc dicis, erras si hoc dicas, erres si hoc diceres, errares
2. **fragend**	ob	nach Warten u. Versuchen	exspectabam, si venires
ubi b. Ind.			
temporal	sobald als	meist Ind. Perf., auch cum primum, ut (primum), simul. simulac, simulatque	amicus, ubi (primum) advenit, me adiit
ut b. Ind.			
1. **komparativ**	wie	oft mit ita, sic	ut sementem feceries, ita metes
2. **komparativ**	wie, da ja	kausaler Sinn	victor, ut erat clemens, victis pepercit
3. **temporal**	sobald (als)	meist Ind. Perf.	amicus, ut (primum) advenit, me adiit
1. **temporal**	seitdem		ut profectus es, multas litteras a te accepi
ut b. Konj.			
1. **begehrend**	daß, Inf.	verneint ne	cura, ut valeas
2. **begehrend**	daß nicht, Inf.	nach fürchten	timeo, ut venias
3. **final**	damit, um zu	verneint ne	do, ut des
4. **konsekutiv**	so daß	verneint ut non (Tempus wie im Deutschen)	Aristides tam iustus erat, ut lure laudaretur bzw. laudetur
5. **konzessiv**	gesetzt, daß; wenn auch	verneint ne	ut desint vires, tamen est laudanda voluntas

Mentor Abiturhilfe
Band 82
Latein

Lösungsteil zu Übersetzen mit System

Von Johannes Auffarth
und Dr. Friederike Hausmann

Bausteine des lateinischen Satzes

Die Beziehung zwischen Subjekt und Prädikat

Ü 1

Polycrates, Samiorum tyrannus, eo tempore divitiis omnes homines superabat.
Fortuna ei favere videbatur.
Ipse tyrannus fortunam suam nimiam iudicabat et timebat, ne
di immortales sibi inviderent.
Habebat anulum gemma pretiosa ornatum, quem maxime amabat.
Hunc Neptuno dono dare constituit et in mare abiecit.
Sed Neptunus id donum repudiavit et Polycrati per piscatorem quendam reddidit.
Qui in ventre piscis ingentis anulum illum reppererat
et laetus tyranno tradiderat.
Tum Polycrates iure odium deorum timuit et fortuna eius brevi tempore mutata est.
Proelio victus et captus in vertice montis cruci affixus est.

Übersetzung:

Polykrates, Alleinherrscher über die Samier, übertraf in dieser Zeit alle Menschen an Reichtum. Das Glück schien ihm günstig zu sein. Der Tyrann selbst hielt sein Glück für zu groß und fürchtete, daß die unsterblichen Götter ihm neidisch seien. Er besaß einen Ring mit einem wertvollen Edelstein geschmückt, den er außerordentlich liebte. Den beschloß er Neptun zum Geschenk zu geben und warf ihn ins Meer. Aber Neptun verschmähte dieses Geschenk und gab ihn dem Polykrates zurück mit Hilfe eines gewissen Fischers. Dieser hatte jenen Ring im Bauch eines sehr großen Fisches gefunden und froh dem Tyrannen überreicht. Hierauf fürchtete Polykrates mit Recht den Zorn der Götter, und sein Glück schlug in kurzer Zeit um. In einer Schlacht besiegt und gefangengenommen wurde er auf dem Gipfel eines Berges ans Kreuz geschlagen.

Die Beziehung zwischen Prädikat und Objekt

Ü 2

1. Polycrates, Samiorum tyrannus, eo tempore divitiis omnes homines superabat (2).
2. Fortuna ei favere (2) videbatur.
3. Ipse tyrannus fortunam suam nimiam iudicabat (2) et timebat, ne di immortales sibi inviderent (2).
4. Habebat (2) anulum gemma pretiosa ornatum, quem maxime amabat (2).
5. Hunc Neptuno dono dare (3) constituit et in mare abiecit (2).
6. Sed Neptunus id donum repudiavit (2) et Polycrati per piscatorem quendam reddidit (3).
7. Qui in ventre piscis ingentis anulum illum reppererat (2) et laetus tyranno tradiderat (3).
8. Tum Polycrates iure odium deorum timuit (2) et fortuna eius brevi tempore mutata est.
9. Proelio victus et captus in vertice montis cruci affixus est (2).

Anmerkung zur Lösung:

1. In Satz 6 und 7 müssen die Akkusativobjekte auch zum zweiten Verb hingezogen werden. Die Verben *reddere* und *tradere* haben einen „Wert" mehr!
2. Nur in den Sätzen 5 und 6 bilden Objekt und Prädikat keinen Baustein!

Satzerweiterungen

Die Stellung der adverbialen Bestimmungen im Satz

Ü 3

Adverbiale	adverbiale Bestimmung	Frage
Adverbien	maxime/tum	wie? wann?
präpositionale Ausdrücke	in mare/per piscatorem quendam/in ventre/ in montis vertice	je nach Präposition
Ablativus modi	iure	auf welche Art und Weise?
limitationis	divitiis	in welcher Hinsicht?
instrumenti	gemma pretiosa	womit?
temporis	brevi tempore/eo tempore	wann?
dativus finalis	dono	zu welchem Zweck?

Die Stellung der Attribute im Satz

Ü 4

Attribut	– Beziehungswort
adjektivisch	eo tempore; omnes homines; ipse tyrannus; fortunam suam; di immortales; gemma pretiosa; id donum; piscatorem quendam; piscis ingentis; anulum illum; brevi tempore
substantivisch	
a) Genitiv	in ventre piscis; odium deorum; fortuna eius; in montis vertice
b) Ablativ	anulum . . . ornatum
Apposition	Polycrates, Samiorum tyrannus

Abschließende Übungen zu den Bausteinen des lateinischen Satzes

Ü 5

⌊Polycrates, ⌊Samiorum tyrannus,⌋⌋ ⌊[illo tempore]⌋
[divitiis] ⌊omnes homines⌋ superabat.

Ü 6

Populus Romanus Italiam incolebat.
Romani imperium Galliae obtinebant.
Rhenus imperium populi Romani finiebat.

Tum Haedui amicitia populi Romani in Gallia plurimum poterant.
Sequani autem, Haeduorum finitimi, a Germanis auxilium petiverunt.
Itaque Caesar bellum gerere constituit.
Nam imperium populi Romani beneficiis tenebatur.
Itaque magistratus imperatoresque aequitate et fide provincias atque socios defendebant.

Der Bauplan des lateinischen Satzes

Der römische Rundbogen: Normalsatz und rhetorische Wortstellung

Ü 1

Variante 1:

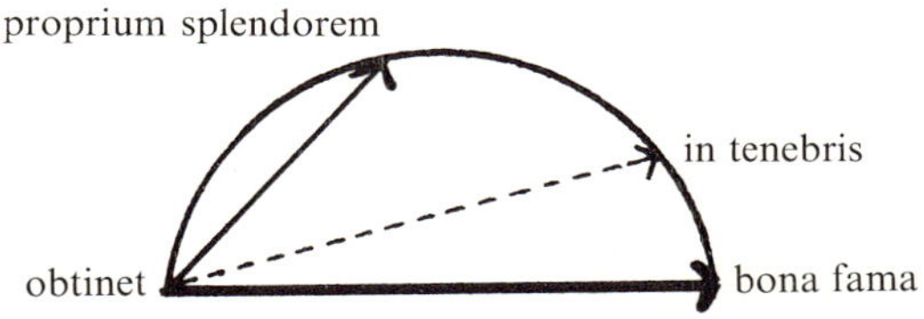

Variante 2:

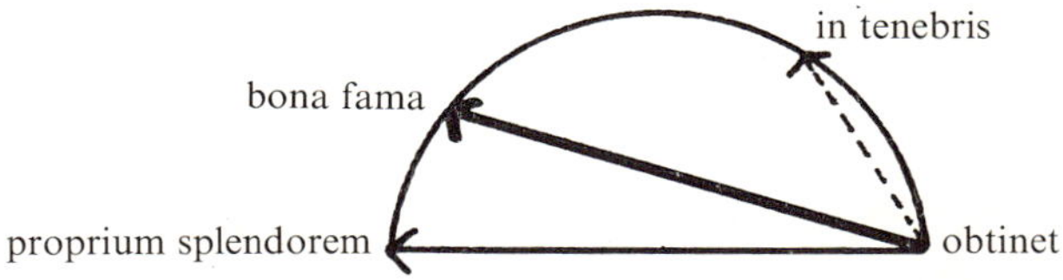

Variante 3:

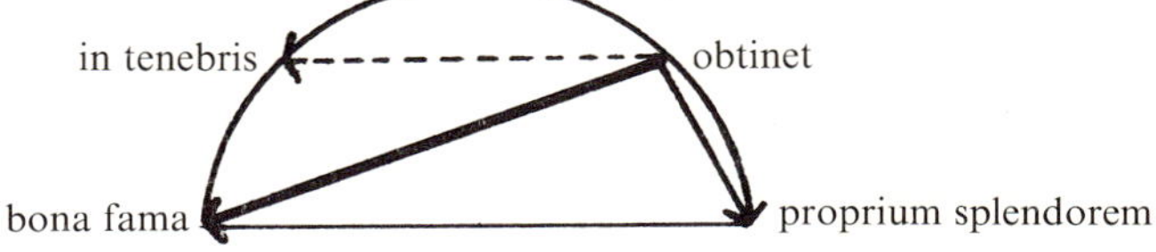

Variante 4:

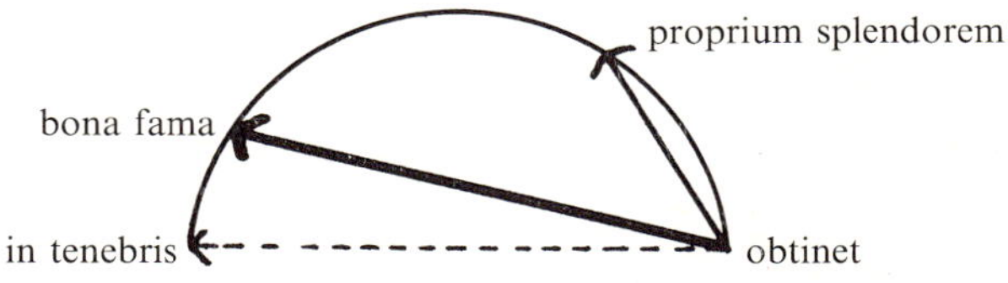

Variante 5:

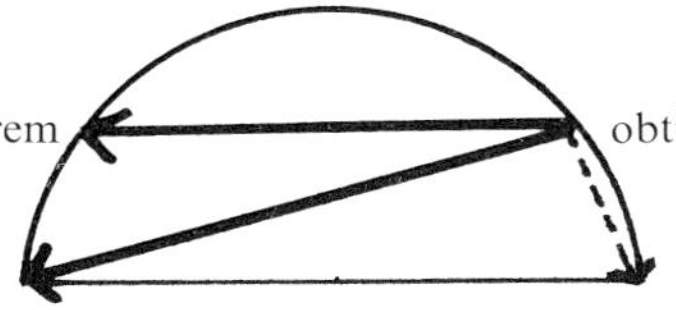

Ü 2

Orakel	Variante 2
Romulus Tod	Variante 4
er es zum 2. Mal	Variante 1
wurde sein wilder Geist	Variante 1
erregt	

Variante 2: Alle Völker überwand das römische Volk mit seiner Tüchtigkeit.

Variante 3: Wirklich alle Völker überwand das römische Volk mit seiner Tüchtigkeit.

Variante 4: Mit Tüchtigkeit überwand das römische Volk alle Völker.

Variante 5: Das römische Volk überwand ganz besonders durch seine Tüchtigkeit alle Völker.

Ü 3

Variante 1: Siegreich überwand das römische Volk wegen seiner Tüchtigkeit alle Völker.

Ü 4

Satz	Satzanfang	Satzende
Gallia est omnis divisa in partes tres.	Subjekt	adverbiale Bestimmung
Magna dis immortalibus habenda est atque huic ipsi Iovi Statori gratia.	Adjektivattribut des Subjekts	Subjekt
Romae ad primum nuntium cladis cum ingenti terrore ac tumultu concursus in forum populi est factus.	adverbiale Bestimmung des Ortes	Prädikat
Cicero orationem habuit luculentam atque utilem rei publicae.	Subjekt	Dativobjekt zu „utilis“

Übersetzung:

Gallien ist als Ganzes in drei Teile geteilt.

Großer Dank muß den unsterblichen Göttern und diesem Jupiter Stator hier abgestattet werden.

In Rom entstand unter großem Entsetzen und Unruhe ein Auflauf des Volkes auf dem Forum bei der ersten Nachricht von dieser Niederlage.

Cicero hielt eine bedeutende und für den Staat nützliche Rede.

Satzüberleitungen und Reihungen im Satz

Ü 5

1 gleichordnende Konjunktionen: sed (6), et (3, 5, 6, 7, 8)

2 unterordnende Konjunktionen: ne (3)

3 Relativpronomina und Pronomina am Satzanfang: hunc (5), qui (7)

4 betonte Satzteile: habebat (4), hunc (5), tum (8)

Reihungen

Ü 6

Lob der Philosophie

O vitae philosophia dux, o virtutis indagatrix expultrix que vitiorum! Quid non modo nos, sed omnino vita hominum sine te esse potuisset? Tu urbes peperisti, tu dissipatos homines in societatem vitae convocasti, tu eos inter se primo domiciliis, deinde coniugiis, tum litterarum et vocum communione iunxisti, tu inventrix legum, tu magistra morum et disciplinae fuisti.

Ciceros Eigenlob

Ego consul, ... meis consiliis, meis laboribus, mei capitis periculis, sine tumultu, sine dilectu, sine armis, sine exercitu incensione urbem, internicione cives, vastitate Italiam, interitu rem publicam liberavi. Ego vitam omnium civium, statum orbis terrae, urbem hanc denique, sedem omnium nostrum, arcem regum ac nationum exterarum, lumen gentium, domicilium imperii, quinque hominum amentium ac perditorum poena redemi.

Übersetzung:

1. O du Führerin des Lebens, Philosophie, du Sucherin nach Vollkommenheit und Vertreiberin der Laster! Was hätten nicht nur wir, sondern überhaupt das Leben der Menschen ohne dich sein können? Du hast Städte geschaffen, du hast die verstreuten Menschen zur Gemeinschaft des Lebens zusammengerufen, du hast diese erst durch Wohnstätten, dann durch Ehen, dann durch die Gemeinschaft der Schriften und der Sprache untereinander verbunden, du bist die Erfinderin der Gesetze, du die Lehrerin der Sitten und der Lebensführung gewesen.
2. Ich habe als Konsul durch meine Maßnahmen, meine Bemühungen, unter eigener Lebensgefahr, ohne Lärm, ohne Aushebung, ohne Waffen, ohne Heer die Stadt vor Feuer, die Bürger vor einem Blutbad, Italien vor der Verwüstung, den Staat vor dem Untergang gerettet. Ich habe das Leben aller Bürger, den Bestand der ganzen Welt, diese Stadt schließlich, unser aller Wohnsitz, Burg der Könige und auswärtigen Völker, das Licht für die Völker, Wohnstätte des Reiches durch die Bestrafung von fünf wahnsinnigen und verderbten Menschen freigekauft.

Ü 7

Anleitung zum Lesen

Non enim scripta lectione secura transcurrimus, sed ⌊tractamus⌋ singula et necessario ⌊introspicimus⌋.

Die Philosophie hatte es in Rom schwer!

Philosophia ⌊iacuit⌋ usque ad hanc aetatem nec ullum ⌊habuit⌋ lumen litterarum Latinarum.

Der mühsame Anfang eines Saufgelages!

Interpellavit tam dulces fabulas Trimalchio, nam iam ⌊sublatum erat⌋ ferculum, hilaresque convivae ⌊vino sermonibusque⌋ operam ⌊coeperant dare⌋.

Die Besonderheit von Reden in der Volksversammlung und im Senat

Contio capit omnem vim orationis [et] ⌊gravitatem et varietatem⌋ desiderat. Sapiens [autem] est consilium senatus multis[que] aliis dicendi relinquendus locus est.

Reaktion auf den Mord an dem Politiker Clodius

Perlatum est corpus Clodii ante primam noctis horam, infimae [que] plebis et servorum maxima multitudo magno lucto corpus in atrio domus positum circumstetit.

Die Folgen der schlechten Amtsführung eines Provinzstatthalters

Lugent omnes provinciae, queruntur omnes liberi populi, regna denique etiam omnia ⌊de nostris cupiditatibus et iniuriis⌋ expostulant. Locus intra Ocenanum iam nullus est ⌊neque tam longinquus neque tam reconditus⌋, quo non per haec tempora nostrorum hominum ⌊libido iniquitasque⌋ pervaserit. Sustinere iam populus Romanus omnium nationum non vim, non arma, non bellum, [sed] luctum, lacrimas, querimonias non potest.

Übersetzungen:

1. Denn wir überfliegen nicht die Werke durch sorgloses Lesen, sondern wir behandeln sie einzeln und überprüfen sie notwendigerweise.
2. Die Philosophie lag bis zu dieser Zeit darnieder und fand keine Erleuchtung im lateinischen Wort.
3. Diese so bezaubernden Geschichten unterbrach Trimalchio; denn der Gang (in der Speisenfolge) war schon abgetragen und die Gäste fingen fröhlich an, sich mit Wein und Gesprächen zu beschäftigen.
4. Die Volksversammlung erfaßt alle Register der Beredsamkeit und fordert Nachdruck und Abwechslung. Die Versammlung des Senats aber ist verständig und muß (noch) vielen anderen Gelegenheit zum Reden geben.
5. Die Leiche des Clodius wurde vor der ersten Nachtstunde nach Rom gebracht und eine sehr große Menge des niedrigsten Volkes und von Sklaven stand unter heftigen Wehklagen um die Leiche herum, die im Atrium des Hauses aufgebahrt war.
6. Es trauern alle Provinzen, es klagen alle freien Völker, sogar alle Königreiche schließlich beschweren sich über unsere Gier und Unrechtstaten. Es gibt innerhalb des Ozeans keinen so weit entfernten und noch so abgelegenen Ort, wohin in unserer Zeit nicht die Willkür und Ungerechtigkeit unserer Leute gedrungen wäre. Das römische Volk kann sehr wohl ertragen den Druck, die Waffengewalt, den Krieg aller Völker, aber nicht ihre Klagen, Tränen und Beschwerden.

Ars legendi oder die Kunst, richtig zu lesen

Ü 8

Caesar gibt eine kurze Beschreibung der Sueben, eines südwestdeutschen Germanenstammes:

Sueborum gens est longe maxima et bellicosissima Germanorum omnium. Hi centum pagos habere dicuntur, ex quibus quotannis singula milia armatorum bellandi causa ex finibus educunt. Reliqui, qui domi manserunt, se et illos alunt; hi rursus invicem anno post in armis sunt, illi domi remanent. Sic neque agricultura nec ratio atque usus belli intermittitur. Sed privati ac separati agri apud eos nihil est, neque longius anno remanere uno in loco colendi causa licet. Neque multum frumento, sed maximam partem lacte atque pecore vivunt multumque sunt in venationibus. Ea res et cibi genere et cotidiana exercitatione et libertate vitae ... vires alit et immani corporum magnitudine homines efficit.

Ü 9

Prädikat	Frage nach dem/den Objekt(en)	Objekt
habere dicuntur	wen oder was sollen sie haben?	centum pagos
educunt	wen führen sie heraus?	singula milia
alunt	wen ernähren sie?	se et illos
vivunt	wovon leben sie?	neque frumento, sed lacte atque pecore
alit	wen nährt diese Lebensweise?	vires (Kräfte!)
efficit	wen oder was bewirkt sie?	homines

Anmerkung:
das Hilfsverb „esse“ kommt nicht vor, weil es kein Objekt hat!

Ü 10

⌊Sueborum gens⌋ ⌊est longe maxima et bellicosissima Germanorum omnium⌋. Hi ⌊centum pagos⌋ ⌊habere dicuntur⌋, ⌊ex quibus⌋ quotannis ⌊singula milia armatorum⌋ ⌊bellandi causa⌋ ⌊ex finibus⌋ educunt. Reliqui, qui domi manserunt, ⌊se et illos⌋ alunt; hi rursus invicem ⌊anno post⌋ ⌊in armis sunt⌋, illi domi remanent. Sic ⌊neque agricultura nec ratio atque usus belli⌋ intermittitur. Sed ⌊privati ac separati agri⌋ ⌊apud eos⌋ nihil est, neque ⌊longius anno⌋ remanere ⌊uno in loco⌋ ⌊colendi causa⌋ licet. Neque multum frumento, sed ⌊maximam partem⌋ ⌊lacte atque pecore⌋ vivunt multumque sunt ⌊in venationibus⌋. Ea res ⌊et cibi genere et cotidiana exercitatione et libertate vitae⌋ . . . vires alit et ⌊immani corporum magnitudine⌋ homines efficit.

Ü 11

Adverbiale	Übersetzung
longe	bei weitem
quotannis	alljährlich
bellandi causa	des Kriegsführens wegen
ex finibus	aus dem Gebiet
domi	daheim
rursus	wieder
invicem	umgekehrt
anno post	im Jahr danach
in armis	in Waffen
apud eos	bei diesen
longius anno	länger als ein Jahr
uno in loco	an einer einzigen Stelle
colendi causa	des Bestellens wegen
multum	viel (= oft)
in venationibus	bei den Jagden
et cibi genere et cotidiana exercitatione et libertate vitae	mit der Art der Ernährung, der täglichen körperlichen Übung und freien Lebensweise
immani corporum magnitudine	von ungeheuerer Körpergröße

Ü 12

Übersetzung:

Die Sueben sind der bei weitem größte und kriegerischste Germanenstamm. Sie haben, wie es heißt, hundert Gaue, von denen sie alljährlich je tausend Bewaffnete zu Kriegszügen aus ihrem Land herausführen.

Die übrigen, welche zu Hause bleiben, ernähren sich und jene. Sie ihrerseits stehen abwechselnd ein Jahr später unter Waffen, während jene zu Hause bleiben. So wird weder der Ackerbau noch die Kriegsführung und -übung unterbrochen.

Bei ihnen gibt es überhaupt kein privates oder getrenntes Ackerland, auch ist es ihnen nicht erlaubt, länger als ein Jahr an einem Platz zu bleiben, um ihn zu bestellen. Auch leben sie nicht besonders von Getreide, sondern größtenteils von Milch und Kleinvieh, und sind viel auf Jagd.

Dieses (ungebundene Leben) stärkt mit seiner Ernährungsweise, seiner täglichen körperlichen Übung und freien Lebensweise die Körperkräfte und läßt Menschen von ungeheuerer Körpergröße heranwachsen.

Die großen Stolpersteine: A.c.i., die Partizipialkonstruktionen und die nd-Formen

Der Akkusativ mit Infinitiv

Funktion und Signale

Ü 1

Verb	deutsche Übersetzung	A.c.I. ja/nein
pervenit	er gelangte	nein
cognoscit	er durchschaute	ja
convenit	er kam zusammen	nein
decreverat	er hatte beschlossen	ja

Ü 2

übergeordnetes Verb	Infinitiv	Zeitverhältnis
cognoscit	tenere non potuisse	vorzeitig
decreverat	1. relinquere	gleichzeitig
	2. ducere	gleichzeitig

Übersetzung:

Nachdem diese Angelegenheit erledigt worden war, gelangte Caesar mit den Legionen zum Hafen Itius. Dort erfuhr er, daß die 60 Schiffe, die bei den Meldern gebaut worden waren, durch einen Sturm verschlagen den Kurs nicht hatten halten können ... Dorthin fanden sich die Reiterei aus ganz Gallien, 4000 Mann stark, und die Fürsten aus allen Stämmen ein. Er hatte (schon vorher) beschlossen, sehr wenige von ihnen in Gallien zurückzulassen, die übrigen mit sich zu führen.

Ü 3

Ac mihi multa agitanti constabat paucorum civium egregiam virtutem cuncta patravisse, eo factum esse, uti divitias paupertas, multitudinem paucitas superaret.

Übersetzung:
Und nach vielen Überlegungen stand bei mir fest, daß die ungewöhnliche Tatkraft weniger Bürger alles zustande gebracht hat und daß es darum geschah, daß Armut den Reichtum, geringe Zahl die Masse überwand.

Ü 4

ihnen | ihr | ihnen | er | sei

Ü 5

... weil sie glaubten, daß sie selbst durch diese ihre eigenen Geiseln, die sie dem Crassus gestellt hatten, wiederbekommen könnten.

Die Normalstellung des A.c.i.

Ü 6

1. ⟨Rem publicam, Quirites, vitamque omnium vestrum, bona, fortunas, coniuges liberosque vestros atque hoc domicilium clarissimi imperii, fortunatissimam pulcherrimamque urbem hodierno die immortalium summo erga vos amore, laboribus, consiliis, periculis meis e flamma atque ferro ac paene ex faucibus fati ereptam et vobis conservatam ac restitutam (esse)⟩ videtis.
2. ... haruspices ⟨caedes atque incendia et legum interitum et bellum civile ac domesticum et totius urbis atque imperii occasum appropinquare⟩ dixerunt, nisi di immortales omni ratione placati suo numine prope fata ipsa flexissent.
3. His rebus agitatis Carnutes ⟨se communis salutis causa nullum periculum recusare principesque ex omnibus bellum facturos (esse)⟩ pollicentur ...
4. Caesar praemisso equitatu ⟨confestim legiones subsequi⟩ iussit.
5. (Galli) ⟨supplicia eorum, qui in furto aut latrocinio aut aliqua noxia sint comprehensi, gratiora dis immortalibus esse⟩ arbitrantur.

Übersetzung:
1. Das Gemeinwesen, Quiriten, und euer aller Leben, Güter, Vermögen, Frauen und Kinder und diese Stätte des hochberühmten Reiches, die reichste und schönste Stadt seht ihr am heutigen Tag durch der unsterblichen Götter Liebe zu uns und durch meine Anstrengungen, Entschlüsse und Gefahren den Flammen und dem Schwert, fast dem Rachen des Verderbens entrissen und euch erhalten und wiedergegeben.
2. Opferschauer sagten voraus, daß Mord und Brand, Vernichtung der Gesetze, Bürgerkrieg zu Hause und der Untergang der ganzen Stadt und des Reiches nahe sei, wenn nicht die unsterblichen Götter, auf jede Art und Weise besänftigt, durch ihren eigenen Willen beinahe das Schicksal gewendet hätten.
3. Nachdem diese Dinge verhandelt worden waren, versprachen die Carnuten, daß sie der gemeinsamen Rettung wegen keine Gefahr scheuen würden und daß sie als Führende vor allen anderen den Krieg beginnen wollten.
4. Caesar befahl, daß die Legionen unverzüglich folgen, nachdem die Reiterei vorausgeschickt worden war.
5. Die Gallier glauben, daß die Opferung derer, die bei Diebstahl, Raub oder anderen Verbrechen ergriffen worden sind, den unsterblichen Göttern angenehmer ist.

Die Pseudoklammerstellung

Ü 7

1. … equites a Quinto Atrio ad Caesarem venerunt, qui nuntiarent ⟨superiore nocte maxima coorta tempestate prope omnes naves adflictas atque in litus eiectas esse⟩, quod neque ancorae funesque subsisterent, neque nautae gubernatoresque vim tempestatis pati possent;

   Normalstellung:
   … qui … ⟨superiore nocte maxima coorta tempestate prope omnes naves adflictas atque in litus eiectas esse⟩ nuntiarent

   Übersetzung:
   Reiter kamen von Quintus Atrius zu Caesar mit der Meldung, daß fast alle Schiffe in der vergangenen Nacht durch einen gewaltigen Sturm schwer beschädigt und an den Strand getrieben worden seien, weil weder Anker und Seile standhielten noch Matrosen und Steuerleute die Gewalt des Sturmes aushalten konnten.

2. Cum ad me legati venissent iique mihi nuntiassent ⟨regis Parthorum filium ad Euphratem cum maximis Parthorum copiis multarumque praeterea gentium magna manu venisse Euphratemque iam transire coepisse dicique Armenium regem in Cappadociam impetum esse facturum⟩, putavi pro nostra necessitudine ⟨me hoc ad te scribere oportere.⟩

   Normalstellung:
   Cum ad me legati venissent iique ⟨regis Parthorum filium ad Euphratem … venisse Euphratemque iam transire coepisse dicique Armenium regem in Cappadociam impetum esse facturum⟩ mihi nuntiassent, ⟨me hoc ad te scribere oportere⟩ pro nostra necessitudine putavi.

   Übersetzung:
   Als zu mir Boten gekommen waren und diese mir gemeldet hatten, daß der Sohn des Partherkönigs mit sehr großen Mengen der Parther und außerdem mit einer großen Schar von Völkern zum Euphrat gekommen sei und schon den Euphrat zu überschreiten begonnen hätte und daß gesagt werde, der armenische König wolle einen Angriff auf Cappadocia machen, glaubte ich angesichts unserer engen Beziehungen, daß ich dieses an dich schreiben muß.

Die Voranstellung oder das Nachklappen eines Satzteiles aus dem A.c.i.

Ü 8

A.c.i.	regierendes Verb und Subjekt	Abweichung
non interire animas	Druides volunt persuadere	normal
(ergänze: animas) ab aliis … ad alios	wie oben	Nachklappen von „ad alios“
(ergänze: animas) hoc … excitari	putant	Nachklappen von „metu … neglecto“
fas esse	existimant	normal
hunc viarum … ducem	arbitrantur	normal
hunc ad … habere	wie oben	Nachklappen von „vim maximam“
eos timere	voluit	Voranstellung von „suis quoque rebus“

Übersetzung:

1. Die Druiden wollen vor allem darin überzeugen, daß die Seelen nicht untergehen, sondern nach dem Tod von den einen zu den anderen wandern und sie glauben ganz besonders, daß das dadurch zur Tapferkeit ansporne, wenn die Todesfurcht beseitigt sei.
2. Sie glauben, daß es Sünde sei, dies der Schrift anzuvertrauen, während sie in fast allen übrigen Dingen, in öffentlichen und privaten Angelegenheiten, die griechische Schrift benützen.
3. Merkur hat die meisten Abbilder, sie nehmen an, daß dieser der Erfinder aller Künste sei, daß dieser der Führer auf den Wegen und Reisen, und sie glauben, daß dieser den größten Einfluß habe auf Gelderwerb und Handel.

... jenes war der triftigste Grund, daß er ... wollte, daß die Germanen auch um ihre eigenen Angelegenheiten fürchteten.

Abschlußtest zum A.c.i.

Ü 9

a) Normalstellung: Sätze mit A.c.i. sind doppelt gerahmt: Subjekt und übergeordnetes Verb bilden den äußeren Rahmen, Akkusativ des A.c.i. und Infinitiv den inneren.

b) Pseudoklammerstellung: Subjekt und Prädikat stehen am Anfang oder am Ende des Satzes, der A.c.i. nimmt die freibleibende Stelle ein.

c) Abweichung von der Normalstellung: ein Satzteil im A.c.i. ist vorgezogen oder klappt nach.

Ü 10

1. Sciebam ⟨(populum Romanum) saepenumero parva manu cum magnis legionibus contendisse⟩; cognoveram ⟨parvis copiis bella gesta (esse) cum opulentis regibus⟩, ⟨ad hoc saepe fortunae violentiam toleravisse⟩, ⟨facundia Graecos, gloria belli Gallos ante Romanos fuisse⟩.
2. ⟨Pedestra esse itinera concisa aestuariis⟩, ⟨navigationem impeditam propter inscientiam locorum paucitatemque portuum⟩ sciebant; neque ⟨nostros exercitus propter frumenti inopiam diutius apud se morari posse⟩ confidentur; ac iam ut omnia contra opinionem acciderent, ⟨tamen se plurimum navibus posse⟩, ⟨Romanos neque ullam facultatem habere navium neque eorum locorum, ubi belli gesturi essent, vada portus insulas novisse⟩; ac ⟨longe aliam esse navigationem in concluso mari atque in apertissimo Oceano⟩ perspiciebant.

Übersetzung von Satz 1:

Ich wußte, daß das römische Volk häufig mit einer kleinen Schar gegen große Truppen gekämpft hatte; ich erkannte, daß mit geringen Kräften gegen mächtige Könige Kriege geführt worden waren, dazu, daß es häufig die Wildheit des Schicksals ertragen hatte; daß an Beredsamkeit die Griechen, an Kriegsruhm die Gallier die Römer übertroffen hatten.

Übersetzung von Satz 2:

Sie wußten, daß die Landwege durch das Watt unterbrochen waren, daß die Schiffahrt wegen der Unbekanntheit der Gegend und des Mangels an Häfen behindert war. Sie vertrauten darauf, daß auch unsere Heere wegen des Mangels an Getreide bei ihnen nicht längere Zeit verweilen können. Und gesetzt, daß alles wider Erwarten ausgehe, daß sie dennoch auf ihren Schiffen am stärksten seien, die Römer weder eine ausreichende Menge an Schiffen hätten noch die Untiefen, Inseln und Häfen der Orte kannten, wo sie Krieg führen wollten. Und sie wußten genau, daß die Schiffahrt im Binnenmeer eine ganz andere ist als im offenen Meer.

Partizipialkonstruktionen

Ü 11

Partizip	Grammatische Bezeichnung	Zeitverhältnis
effecto	PPP	vorzeitig
relicto	PPP	vorzeitig
petentibus	Partizip Praesens Aktiv = PPA	gleichzeitig
comparata	PPP	vorzeitig
hortantibus	PPA	gleichzeitig

Die Formen *coepta erat* und *coeptus est* setzen sich aus einem PPP und dem Hilfsverb *esse* zusammen und bilden auf diese Weise das Prädikat; es handelt sich bei ihnen folglich nicht um Partizipialkonstruktionen.

Übersetzung:

Als der ganze Bau in nur 10 Tagen, in denen man das Material herangeschafft hatte, fertiggestellt war, wurde das Heer hinübergeführt. Caesar eilte in das Gebiet der Sugambrer, nachdem an beiden Seiten der Brücke eine starke Schutztruppe zurückgelassen worden war. Inzwischen kamen von mehreren Stämmen Gesandte zu ihm. Er antwortete diesen, die um Frieden und Freundschaft baten, gütig und ließ Geiseln zu sich führen. Aber die Sugambrer hatten von der Zeit an, als der Brückenbau begonnen wurde, ihr Gebiet verlassen, nachdem die Flucht vorbereitet worden war auf den Rat derer, die sie von den Tenctherern und Usipeten bei sich hatten, hatten all ihr Hab und Gut mitgenommen und sich in der Einöde und den Wäldern versteckt.

Das Participium coniunctum

Ü 12

Der Satzkern, Subjekt und Prädikat, besteht aus „cives“ und „reppulerunt“. Das Verbum heißt auf deutsch abwehren; es ist ein zweiwertiges Verb und erfordert daher 1 Objekt in folgendem Kasus: Akkusativ. Die Prädikatsgruppe, d. h. die enge Verbindung von Prädikat und Objekt, lautet deshalb „impetum reppulerunt“.

Die Übersetzung des Participium coniunctum

Ü 13

a) Deshalb litten sie, die die Stadt tapfer verteidigten, an Hunger.

b) Während sie die Stadt tapfer verteidigten, litten sie an Hunger.

Ü 14

At ⌞barbari reliquis copiis subsecuti⌟ nostros navibus egredi prohibebant.

⌞Catilinam orbem terrae caede atque incendiis vastare cupientem⌟ nos consules perferemus?

Übersetzung:

1. Aber die Barbaren, welche den übrigen Truppen gefolgt waren, versuchten unsere Leute daran zu hindern, die Schiffe zu verlassen.
2. Wollen wir Konsuln einen Catilina durchgehen lassen, der den Erdkreis mit Mord und Brand zu verheeren trachtet?

Die Pseudoklammerstellung

Ü 15

⌞Hostes impeditos nostri in flumine adgressi⌟ magnum eorum numerum occiderunt: ⌞per eorum corpora reliquos audacissime transire conantes⌟ multitudine telorum reppulerunt ⌞primosque, qui transierant, equitatu circumventos⌟ interfecerunt.

Übersetzung:

Unsere Leute, die die im Fluß behinderten Feinde angegriffen hatten, töteten eine große Zahl von ihnen: die übrigen, die über deren Leichen tollkühn hinüber zu gehen versuchten, schlugen sie mit einem Hagel von Geschossen zurück und töteten die ersten, die hinüber gekommen waren, von der Reiterei umzingelt.

Ü 16

1. ⌞Nam et navium figura et remorum motu et inusitato genere tormentorum permoti barbari⌟ constiterunt.

   Normalstellung:

   Nam barbari et navium figura et remorum motu et inusitato genere tormentorum permoti constiterunt.

   Übersetzung:

   Denn die Barbaren blieben stehen, erschreckt von dem Aussehen der Schiffe, dem Ruderschlag und der ungewohnten Art der Geschosse.

2. ⌞Sed nostro adventu permoti Britanni⌟ hunc toti bello imperioque praefecerant.

   Normalstellung:

   Sed Britanni nostro adventu permoti hunc toti bello imperioque praefecerant.

   Übersetzung:

   Aber von unserer Ankunft überrascht, stellten sie diesen an die Spitze von Krieg und Oberbefehl.

3. ⌞Hunc ad egrediendum nequaquam idoneum locum arbitratus⌟, dum reliquae naves eo convenirent, ad horam nonam in ancoris exspectavit.

   (Hier fehlt nur das Beziehungswort „Caesar“.)

   Übersetzung:

   Da er diese Stelle zum Landen für keineswegs geeignet hielt, wartete er bis zur 9. Stunde vor Anker, bis die übrigen Schiffe einträfen.

4. ⌞Quibus rebus nostri perterriti atque huius omnino generis pugnae imperiti⌟ non eadem alacritate et studio, quo in pedestribus uti proeliis consueverant, utebantur.
   Nostri quibus rebus perterriti atque ...
   (Diese Umstellung ist unmöglich, weil der relative Satzanschluß nur am Anfang eines Satzes funktioniert.)

   Übersetzung:

   Unsere Leute, erschreckt durch diese Dinge und überhaupt mit dieser Kampfesart nicht vertraut, zeigten nicht die gleiche Begeisterung und Freude, welche sie in Fußkämpfen zu zeigen gewohnt waren.

5. ⌞Iam moribus artibus adfinitatibus nostris mixti⌟ aurum et opes suas inferant potius quam separati habeant.

   (Hier fehlt das Beziehungswort: „ii“ oder „qui“)

Übersetzung:

Jetzt durch Sitte, Kunst und Verwandtschaftsbande mit uns verbunden, sollten sie ihr Gold und ihre Schätze eher (zu uns) bringen als daß sie sie für sich allein behalten.

6. In his et nobilissimi philosophi et quidam homines severi et graves nec populi nec principum mores ferre potuerunt vixeruntque non nulli in agris delectati re sua familiari.

Normalstellung:

Non nulli in agris re sua familiari delectati.

Übersetzung:

Unter diesen konnten hochangesehene Philosophen und einige pflichtbewußte und charakterfeste Leute die Sitten des Volkes und ihrer Führer nicht ertragen und einige lebten auf ihren Landgütern freudig angetan von ihrem Familiengut.

Voranstellung oder Nachklappen eines Satzteiles beim Participium coniunctum

Ü 17

1. An vero amplissimus P. Scipio, pontifex maximus, ⌊Ti. Gracchum mediocriter labefactantem statum rei publicae⌋ privatus interfecit.

   ... Ti. Gracchum mediocriter statum rei publicae labefactantem privatus interfecit.

   Übersetzung:

   Hat aber nicht der hochangesehene Oberpriester Publius Scipio als Privatmann den Tiberius Gracchus getötet, der den Bestand des Staates nur unerheblich erschütterte?

2. His constitutis rebus ⌊nactus idoneam ad navigandum tempestatem⌋ tertia fere vigilia naves solvit equitesque in ulteriorem portum progredi et naves conscendere et se sequi iussit.

   His rebus constitutis idoneam ad navigandum tempestatem nactus...

   Übersetzung:

   Nachdem diese Maßnahmen getroffen worden waren, ließ Caesar, der einen geeigneten Wind zur Ausfahrt bekommen hatte, die Anker lösen und befahl den Reitern, den oberen Hafen aufzusuchen, die Schiffe zu besteigen und ihm zu folgen.

3. Tum ⌊nostri cohortati inter se, ne tantum dedecus admitteretur,⌋ universi ex navi desiluerunt.

   Tum nostri, ne tantum dedecus admitteretur, inter se cohortati...

   (Diese Umstellung ist sehr problematisch, weil der „ne“-Satz seine enge Verbindung zu „cohortati“ aufgegeben hat und deshalb in der Luft hängt.)

   Übersetzung:

   Da sprangen unsere Leute, die sich gegenseitig ermahnt hatten, eine so große Schmach nicht zuzulassen, sämtlich über Bord.

Partizipialkonstruktionen in anderen Kasus

Ü 18

1. Nam ⌊mihi, Brute, in te intuenti⌋ crebro in mentem venit vereri, ecquoddam curriculum aliquando sit habitura tua et natura admirabilis et exquisita doctrina et singularis industria.

   mihi, Brute, in te intuenti = Dativobjekt zu „venit“ (Klammerstellung)

2. ⌊Nec enim in (sc. hominibus) constituentibus rem publicam⌋ ⌊nec in bella gerentibus⌋ ⌊nec in impeditis ac regum dominatione devictis⌋ nasci cupiditas dicendi solet: pacis est comes otiique socia et ⌊iam bene constitutae civitatis⌋ quasi alumna eloquentia.

1. nec ... rem publicam = Dativ (Nachklappen eines Satzteils)
2. nec ... gerentibus = Dativ (Klammerstellung)
3. nec ... devictis = Dativ (Klammerstellung)
4. iam bene constitutae civitatis = Genitiv zu „alumna“ (Voranstellung von „iam bene“)

3. Tunc solida domi quies; et adversus externa floruimus, cum ⌞Transpadani in civitatem recepti⌟, cum specie ⌞deductarum per orbem terrae legionum⌟ ⌞additis provincialium validissimis⌟ fesso imperio subventum est.

1. Transpadani in civitatem recepti
2. deductarum per orbem terrae legionum = Genitiv zu „specie“ (Klammerstellung)
3. additis provincialium validissimis = (Klammerstellung)

Übersetzung:

1. Denn mir, Brutus, wenn ich auf dich schaue, kommt voller Angst in den Sinn, welche Laufbahn deine sowohl bewundernswerte Natur als auch ausgesuchte Gelehrsamkeit und einzigartiger Fleiß einschlagen wird.
2. Weder bei Menschen, die den Staat leiten, noch Kriege führen, noch behindert und besiegt sind von Königsherrschaften, pflegt sich Redelust einzustellen: die Beredsamkeit ist Begleiterin im Frieden, Bundesgenossin in der Muße und sozusagen Ernährerin eines wohlgestalteten Staates.
3. Damals hatten wir dauernde Ruhe im Innern und blühten dem Ausland gegenüber, als die Transpadaner in die Bürgergemeinschaft aufgenommen wurden, als man dem erschöpften Reich zu Hilfe kam in der Gestalt von Legionen, die über den Erdkreis verstreut sind, nachdem in sie die stärksten Provinzbewohner eingereiht worden waren.

Der Ablativ mit Partizip (AmP)

Die Übersetzung des Ablativ mit Partizip

Ü 19

Weil die Bürger diese Stadt tapfer verteidigten, zogen sich die Feinde zurück.

Der AmP als Überleitung und Adverbiale

Ü 20

hac oratione habita = als diese Rede gehalten worden war

cognito Caesaris adventu = nachdem man von der Ankunft Caesars erfahren hatte

hoc proelio trans Rhenum nuntiato = sowie diese Schlacht über den Rhein bekannt geworden war

ea re constituta = als diese Sache beschlossen worden war

Ü 21

Funktion des AmP:

[perterritis ac dubitantibus ceteris] = Adverbiale
[Asia aut Africa aut Italia relicta] = Adverbiale
[Disgresso Valente] = Überleitung
[admoto exercitu] = Adverbiale
[missis per proxima ... navibus] = Adverbiale
[Capto Valente] = Überleitung
[initio ... orto] = Adverbiale

Übersetzung:

1. Als die anderen sehr erschreckt waren und zögerten, beschlossen der römische Ritter Gaius Cornelius, der seine Hilfe versprochen hatte, und mit ihm der Senator Lucius Vargunteius, in dieser Nacht wenig später mit Bewaffneten, wie um zu grüßen, bei Cicero einzutreten und den Ahnungslosen unversehens im eigenen Haus zu durchbohren.
2. Wer ferner, abgesehen von der Gefahr des schrecklichen und unbekannten Meeres, Asien oder Afrika oder Italien hinter sich lassend, wollte Germanien aufsuchen, landschaftlich ohne Reiz, vom Wetter her rauh, trostlos für den Bebauer wie für den Beschauer, außer wenn es sein Vaterland wäre?
3. Die über den Abzug von Valens erschrokkenen Leute, die die Stadt Ariminum hielten, umzingelte Cornelius Fuscus zu Wasser und zu Lande, nachdem das Heer herangekommen war und die Liburnerschiffe entlang der nächstgelegenen Küstenstriche eingetroffen waren.
4. Nach der Gefangennahme von Valens wandte sich alles der Macht des Siegers zu; nachdem der Anfang gemacht worden war in Spanien von der 1. Legion „Adiutrix", die in Erinnerung an Otho, dem Vitellius feindlich gesinnt, auch die 10. und 6. Legion mitzog.

Die Normalstellung

Ü 22

ceteris perterritis ac dubitantibus
Asia aut Africa aut Italia relicta
Valente disgresso
exercitu admoto
Liburnicis navibus per proxima litorum missis
Valente capto
initio per Hispaniam a prima Adiutrice legione orto

Die Pseudoklammerstellung

Ü 23

Satz	Partizip	Bezugswort	Stellung des AmP
1	effecto	opere	Anfangsstellung
2	permissa	summa	Endstellung
3	delegata	cura	Endstellung

Übersetzung:

1. Als der ganze Bau in nur 10 Tagen, in denen man das Material herangeschafft hatte, fertiggestellt war, wurde das Heer hinübergeführt.
2. Als Caesar dort eingetroffen war, waren bereits von allen Seiten größere Truppenmassen der Britannier angekommen, nachdem auf gemeinsamen Beschluß dem Cassivellaunus der Oberbefehl überlassen worden war, dessen Gebiet der Fluß, der Themse genannt wird, von den Seestaaten trennt, 80 Meilen vom Meer entfernt.
3. Wenn sie nicht Kriege führen, verbringen sie viel Zeit beim Jagen, noch mehr mit Nichtstun, dem Schlafen und Essen ergeben, indem gerade die tapfersten und kriegerischsten nichts tun, weil die Sorge für Haus, Herd und Felder den Frauen, alten Leuten und allen Schwachen im Hauswesen überlassen ist.

Voranstellung oder Nachklappen eines Bestandteils des AmP

Ü 24

Das Prädikat „obtestatus est" (er hat beschworen) ist zweiwertig und hat deshalb folgendes Objekt: „deos".
Das Subjekt lautet: (is) qui decimae legionis aquilam ferebat.

Das Partizip „cunctantibus" (von cunctari = zögern) ist nur einwertig und hat kein Objekt.

Die Überleitung ist „at".

Die Adverbiale lautet: maxime propter altitudinem maris.

Ü 25

Übersetzungsmöglichkeiten:

a) Aber während unsere Soldaten besonders wegen der Tiefe des Meeres zögerten, beschwor derjenige, der den Adler der 10. Legion trug, die Götter, daß ...
(Nachklappen eines Satzteils aus dem AmP)

b) Aber während unsere Soldaten zögerten, beschwor der Adlerträger der 10. Legion besonders wegen der Tiefe des Meeres die Götter, daß ...
(Adverbiale gehört hier zu „obtestatus est")

Abschlußübung zur Entspannung

Ü 26

Partizipien:

1. dimissis | nactus | dato | sublatis | progressus
2. audito | abiectis | relictis | desperata | interfecto | oppressi
3. moratus | incensis | succisis | pollicitus
4. regnante | capto | collatis
5. passis | scissa | victo | volantia

Eindrücke:

1. Korrektheit
2. Verwirrung
3. Effizienz
4. Zuspitzung des Geschehens
5. Panik, Angst

Übersetzung:

1. Nachdem diese Gesandten weggeschickt worden waren, ließ er (Caesar), der gleichzeitig Wind und Flut bekommen hatte, die Schiffe vor einem übersichtlichen und flachen Strand Halt machen, als er nach dem Aufbruchsignal und dem Lichten der Anker ungefähr 7 Meilen vorgerückt war.
2. Als die Germanen das Geschrei hinter ihrem Rücken hörten und sahen, daß ihre Leute niedergemacht wurden, stürzten sie sich aus dem Lager, nachdem Waffen abgeworfen und militärische Zeichen zurückgelassen worden waren. Als sie am Zusammenfluß von Mosel und Rhein angekommen waren, stürzten sich die übrigen in den Fluß, nachdem sie die Hoffnung auf weitere Flucht aufgegeben hatten und eine große Anzahl getötet war, und ertranken dort, von Schrecken, Erschöpfung und der Gewalt des Flusses überwältigt.
3. Nachdem Caesar wenige Tage in deren Gebiet sich aufgehalten hatte und nachdem Dörfer und Häuser angezündet und das Getreide abgeschnitten worden war, zog er sich in das Gebiet der Ubier zurück und, als er seine Hilfe versprochen hatte, wenn sie von den Sueben bedrängt würden, erfuhr er von diesen folgendes ...
4. Schon im Anfang unter der Regierung des Romulus, als das Kapitol von den Sabinern eingenommen war und mitten auf dem Forum in einer regelrechten Schlacht gekämpft wurde, ist da nicht durch das Einschreiten der Mütter zwischen die beiden Schlachtreihen ein Kampf geschlichtet worden?
5. Damals wagten die sabinischen Frauen, deren Raub Anlaß für den Krieg war, mit aufgelösten Haaren und zerrissenen Kleidern, nachdem die natürliche Angst der Frauen durch das schreckliche Geschehen verdrängt worden war, sich zwischen die fliegenden Geschosse zu werfen.

Die nd-Formen

Ü 27

Postquam Caesar dicendi finem fecit, ceteri verbo alius alii varie adsentiebantur. = Substantiv

Post, ubi pericula virtute propulerant, sociis atque amicis auxilia portabant, magisque dandis quam accipiundis beneficiis amicitias parabant. = Adjektiv

Sed cum plerique arbitrentur res bellicas maiores esse quam urbanas, minuenda est haec opinio. = Prädikat

Tria sunt enim, ut quidem ego sentio, quae sint efficienda dicendo; ut doceatur is, apud quem dicetur, ut delectetur, ut moveatur vehementius.
efficienda = Prädikat, dicendo = Substantiv

Übersetzung:

1. Nachdem Caesar mit dem Reden aufgehört hatte, stimmten die übrigen mit einem kurzen Wort, der eine diesem der andere jenem, in verschiedener Weise bei.
2. Als sie die Gefahren durch ihre Mannhaftigkeit abgeschlagen hatten, brachten sie dann Bundesgenossen und Freunden ihre Hilfe, sie schufen sich mehr durch Erweisen als durch Empfangen von Diensten Freundschaften.
3. Aber wenn die meisten glauben, daß die Taten des Krieges größer sind als die Taten im Frieden, dann muß man diese Meinung einschränken.
4. Drei Dinge nämlich sind es, wie mir freilich scheint, die beim Reden erreicht werden müssen: daß derjenige belehrt wird, bei dem man spricht, daß erfreut wird, daß eine heftigere Emotion erregt wird.

Die Übersetzung der nd-Formen

Ü 28

1. Sed iis ... abiecta omni cunctatione adipiscendi magistratus et gerenda res publica est; ...
   = Dativus auctoris

   Übersetzung:

   a) Aber von diesen müssen ohne Zögern die Ämter erstrebt werden und der Staat geführt werden.
   b) Aber diese müssen ohne jegliches Bedenken Ämter zu erreichen suchen und den Staat lenken.

2. Magna dis immortalibus habenda est atque huic ipsi Iovi Statori, antiquissimo custodi urbis, gratia, quod ... Non est saepius in uno homine summa salus periclitanda rei publicae.
   = Dativobjekt

   Übersetzung:

   a) Großer Dank muß den unsterblichen Göttern und besonders diesem Jupiter Stator, dem uralten Beschützer unserer Stadt abgestattet werden ... Nicht öfter darf von einem einzigen Menschen das gesamte Wohl des Staates gefährdet werden.
   b) Den unsterblichen Göttern ... sind wir zu großem Dank verpflichtet ... Nicht öfter darf ein einziger Mensch die gesamte Existenz des Staates aufs Spiel setzen.

3. Nec vero imperia expetenda (sc. sunt) ac potius aut non accipienda interdum aut deponenda non numquam.
   = weder Dativobjekt noch Dativ der auslösenden Person

   Übersetzung:

   a) Auch sind Kommandostellen nicht zu erstreben und lieber bisweilen nicht anzunehmen oder manchmal niederzulegen.
   b) Auch darf man Kommandostellen nicht erstreben und sie lieber bisweilen nicht annehmen oder muß sie manchmal niederlegen.

Die nd-Formen als Substantiv oder Adjektiv

Ü 29

Post, ubi regium imperium, quod initio conservandae libertatis atque augendae rei publicae fuerat, in superbiam dominationemque se convortit, inmutato more annua imperia binosque imperatores sibi fecere (= fecerunt sc. Romani)

Übersetzung:

a) zur Bewahrung der Freiheit und Mehrung des Staates
b) um die Freiheit zu bewahren und den Staat zu mehren

Dixi ego idem in senatu caedem te optimatium contulisse in a.d.V. Kal. Nov., tum cum multi principes civitatis Roma non tam sui conservandi quam tuorum consiliorum reprimendorum causa profugerunt.

Übersetzung:

a) nicht so sehr zur eigenen Rettung als zur Vereitelung deiner Pläne:
b) um sich in gleicher Weise zu retten und deine Pläne zu vereiteln.

M. Fundanius et L. Valerius tribuni plebis ad plebem tulerunt de Oppia lege abroganda ... ad suadendum dissuadendumque multi nobiles prodibant.

Übersetzung:

a) zur Aufhebung des Oppischen Gesetzes ... in Rede und Gegenrede;
b) um das Oppische Gesetz aufzuheben ... um zu raten und abzuraten.

Ceterum inde primum initium mirandi Graecarum artium opera licentiaeque huic sacra fanaque omnia vulgo spoliandi factum est...

Übersetzung:

... der Anfang, Werke griechischer Kunst zu bewundern und der Anfang zu der Willkür, alles Heilige und Unheilige ohne Unterschied zu plündern.

Quis enim nescit maximam vim exsistere oratoris in hominum mentibus vel ad iram aut ad odium aut ad dolorem incitandis vel ab hisce eisdem permotionibus ad lenitatem misericordiamque revocandis?

Übersetzung:

... um die Herzen der Menschen sowohl zum Zorn, Haß oder Schmerz anzutreiben wie auch von eben diesen Regungen zu Milde und Mitleid zurückzurufen.

Übersetzung:

1. Danach, als die Königsherrschaft, die anfangs gedient hatte, die Freiheit zu erhalten und den Staat zu mehren, in Überhebung und Gewaltherrschaft umschlug, schufen sich die Römer nach verändertem Modus eine jährlich wechselnde Regierung und zwei Herrscher.
2. Dasselbe sagte ich im Senat, daß du den Mord an den Optimaten auf den 28. Oktober anberaumt hast, damals, als viele führende Bürger aus Rom geflohen waren, nicht so sehr um sich zu retten, als um deine Pläne zu vereiteln.
3. Marcus Fundanius und Lucius Valerius, stellten als Volkstribunen den Antrag zur Abschaffung des Oppischen Gesetzes ... viele Adlige traten vor, um zu raten und abzuraten.
4. Im Übrigen wurde hier der Anfang gemacht, für griechische Kunstwerke zu schwärmen und auch der Anfang für die Willkür, alles Heilige und Unheilige ohne Unterschied zu plündern.
5. Wer wüßte denn nicht, daß die ungeheure Macht des Redners darin liegt, daß er die Herzen der Menschen sowohl zum Zorn, Haß oder Schmerz antreiben wie auch von eben diesen Regungen zu Milde und Mitleid zurückrufen kann.

Die Architektur der lateinischen Satzperiode

Haupt- und Nebensatz

Ü 1

Art des Nebensatzes	Konjunktion	deutsch	Modus
temporal	postquam cum (ut, ubi) primum, simulatque, simulac priusquam, antequam dum dum, donec, quoad dum, donec, quoad, dummodo cum	nachdem sobald eher als, bevor während solange als, solange bis solange, wenn nur wenn, als	Indikativ Indikativ Indikativ Indikativ Indikativ Konjunktiv Indikativ/ Konjunktiv
final	ut (ne), quo (quominus)	damit; damit desto	Konjunktiv
konsekutiv	ut	(so) daß	Konjunktiv
kausal	quod, quia, quoniam cum	da, weil da	Indikativ Konjunktiv
konditional	si, nisi quodsi	wenn, wenn nicht wenn aber	Indikativ oder Konjunktiv Konj./Indik.
konzessiv	quamquam etsi, etiamsi, tametsi, quamvis cum ut, licet	obwohl wenn auch obwohl wenn auch, mag auch	Indikativ Indikativ/ Konjunktiv Konjunktiv Konjunktiv
adversativ	cum	wohingegen, während	Konjunktiv
modal	cum	indem; dadurch, daß	Indikativ
faktisch	quod	daß; der Umstand, daß; wenn	Indikativ
komparativ	ut, quam, quasi, tamquam	wie, als, als ob	Indikativ/ Konjunktiv

Ü 2

Pronomen	Art des Pronomens	Prädikat
quae quantae quando	Interrogativ	futurae sint
quae	relativer Satzanschluß	intuens (accedit)
e qua cui e quibus quae	Relativ	oritur coniuncta est exsistit pertinet
quibus	relativer Satzanschluß	docuisse videor
quanto	Interrogativ	anteiret
ex quo	relativer Satzanschluß	intelligi debet nec effici potuisse

Übersetzung:

Vom Menschengeschlecht ist der Tag, der Monat, das Jahr festgelegt worden, Finsternisse der Sonne und des Mondes sind durchschaut und vorausgesagt worden in alle Zukunft, welche, wie viele, wann sie sein werden. Diese betrachtend gelangt die Seele zur Erkenntnis der Götter, woraus die Frömmigkeit entsteht, mit welcher die Gerechtigkeit verbunden ist und die übrigen Tugenden, aus welchen das glückselige Leben hervorgeht, vollkommen gleich den Göttern, in keiner anderen Sache außer in der Unsterblichkeit, welche nichts zum Gut-Leben beiträgt, den Himmlischen nachstehend.

Nach diesen Ausführungen scheine ich hinreichend dargelegt zu haben, wie die menschliche Natur alle Lebewesen überragt. Daraus muß ersichtlich werden, daß weder der Körperbau und die Anordnung der Glieder noch eine solche Kraft des Geistes und des Verstandes durch reinen Zufall bewirkt werden kann.

Die übersichtliche Satzperiode

Ü 3

Satz 1

┌ generalia tamen quaedam
└ praemonita et praecepta sunt

┌ etsi consilia
└ capienda sunt

┌ quibus . . . iudex
└ praemuniri praepararique debeat

Satz 2

- qui
- non obsistit

- tam
- est in vitio

- quamsi
- deserat

Satz 3

- itaque si Cyrus
- iustissimus fuit
sapientissimus rex

- tamen ... res
- expetenda esse videtur

- cum
- regeretur

Satz 4

- cum
- tetigit

- crescit ac redit
- liberatus

- et hoc
- habet argumentum

- quod divina
- delectant

Satz 5

- cum autem
- viderent esse tutandam

- oppida etiam
- coepisse munire

- ut
- tutam facerent

- vel ut
- arcerent

Satz 6

- si sunt congregati
- homines

- ut
- tuerentur

- sucurrendum est
- igitur homini

- qui
- eget

Satz 7

- quamquam libri nostri
- excitaverunt

- tamen
- vereor

- ne nomen
- sit invisum mirenturque

Satz 8

- autem cum animus
- nihil agere non posset

- existimavi
- posse deponi

- si
- rettulissem

Satz 9

- quodsi iustitia
- est obtemperatio

- et si ... omnia
- metienda sunt

- negleget ... perrumpet
- is

- qui
- putabit fore

Übersetzungen:

1. Denn auch wenn die Richter Urteile fällen müssen auf Grund des Standes der gegenwärtigen Prozesse, gibt es dennoch einige allgemeine Warnungen und Vorschriften, mit welchen der Richter vor dem Prozeß geschützt und vorbereitet werden müßte in Hinsicht auf die ungewissen Fälle zukünftiger Schwierigkeiten.
2. Wer dem Unrecht nicht widersteht, steht ebenso in Schuld, wie wenn er Eltern, Freunde und Vaterland verließe.
3. Wenn deshalb jener bekannte Perser Kyros der gerechteste und weiseste König war, so scheint mir doch diese „Organisationsform“ (res) des Volkes durchaus nicht erstrebenswert, da sie durch Wink und Willen eines einzigen regiert wurde.
4. Wenn er (animus) jene (die Weite der Natur) erreicht hat, wächst er und kehrt zu seinem Ursprung zurück wie von Fesseln befreit und er hat diesen Beweis seiner Göttlichkeit, daß die göttlichen Dinge jenen erfreuen.
5. Sobald sie sahen, daß die große Masse der Menschen selbst gegen die wilden Tiere geschützt werden muß, fingen sie an, Städte mit Mauern zu versehen, damit sie sich entweder eine sichere Ruhe der Nacht verschafften oder damit sie die Streifzüge und Angriffe der Tiere nicht durch Kämpfen, sondern durch aufgeworfene Wälle abwehrten.
6. Wenn aus diesem Grund die Menschen eine Gemeinschaft gebildet haben, damit sie durch gegenseitige Hilfe ihre Ohnmacht schützen, dann muß man folglich dem Menschen zu Hilfe eilen, der der Hilfe bedarf.
7. Obwohl nämlich unsere Bücher einige (Menschen) nicht nur zur Freude am Lesen angetrieben haben, sondern auch zur Freude am Schreiben, fürchte ich manchmal dennoch, daß einigen guten Leuten der Name „Philosophie“ verhaßt ist und sie sich wundern, daß ich auf sie soviel Zeit und Mühe aufwende.
8. Weil aber mein Geist von Anfang meines Lebens mit diesen Studien befaßt nicht untätig bleiben konnte, glaubte ich, am ehrenhaftesten Beschwernisse ablegen zu können, wenn ich mich der Philosophie zuwandte.
9. Wenn aber Gerechtigkeit Gehorsam gegenüber den Gesetzen und Institutionen der Völker ist, und wenn alles nach dem Nutzen zu bemessen ist, dann wird derjenige, der glaubt, daß sich für ihn eine gewinnträchtige Sache ergibt, die Gesetze nicht achten und sie brechen.

Schachtelperioden

Einfache Schachtelsätze

Ü 4

Satz 1

- est igitur
  - quoniam
  - nihil est … eaque est } Kausalsatz
- prima societas

Satz 2

- itaque
  - nisi in qua populi potestas
  - summa est } Konditionalsatz
- libertas habet

Satz 3

- bello Macedonio
  - quod
  - gessimus } Relativsatz
- civitas magna et magnifica
  - quae
  - creverat } Relativsatz
- infida et adversa … fuit

Satz 4

- rerum gestarum
  - quibus
  - subiecit } Relativsatz
- impensarum
  - quas
  - fecit } Relativsatz
- incisarum
  - quae
  - sunt positae } Relativsatz
- exemplar subiectum

Satz 5

rex Antiochus

qui
ante oculos omnium fuisset } Relativsatz

is ... expulsus est

Satz 6

ipse

ut
exploraret } Finalsatz

obequitavit

Satz 7

Segesta
est oppidum vetustissimum

quod
conditum esse traditur } Relativsatz (ist kein Schachtelsatz!)

Satz 8

Fides

unde
abiit } Relativsatz

numquam redit

Satz 9

Nam vel rex ac sapiens vel delecti ac principes cives vel ipse populus

quamquam id
est ... probandum } Konzessivsatz

posse videtur

Übersetzung:

1. Es besteht also zunächst einmal zwischen Gott und Mensch die Gemeinschaft des Denkens, da es doch nichts Höheres gibt als die Denkkraft und diese sowohl beim Menschen und bei Gott vorhanden ist.

2. Daher hat in keinem anderen Staat die Freiheit irgendeine Wohnstatt als in dem, in welchem die oberste Gewalt beim Volk ist.

3. Im Makedonischen Krieg, welchen wir mit dem König Perses geführt haben, war die große und großartige Stadt der Rhoder, welche mit Hilfe des römischen Volkes angewachsen war, gegenüber uns treulos und feindlich.

4. Zugrundegelegt wurde eine Abschrift der Taten des göttlichen Augustus, mit denen er den Erdkreis der Herrschaft des Römischen Volkes unterwarf, der Aufwendungen, die er für den Staat und das römische Volk aufwendete, eingegraben auf zwei ehernen Pfeilern, die in Rom aufgestellt sind.

5. Der König Antiochus, der fast zwei Jahre in Rom vor aller Augen sich aufgehalten hatte, ausgestattet mit königlicher Begleitung und Schmuck, Freund und Bundesgenosse des römischen Volkes, (abstammend) von einem sehr befreundeten Vater, Großvater und Vorfahren, sehr altehrwürdigen und berühmten Königen, aus einem sehr reichen und sehr großen Königreich, ist dennoch Hals über Kopf aus der Provinz des römischen Volkes vertrieben worden.

6. Hannibal selbst ritt mit 2000 Reitern unmittelbar an das Capenertor heran, um die Lage der Stadt zu erkunden.

7. Segesta ist eine sehr alte Stadt in Sizilien, welche von Aeneas, wie man überliefert, als er von Troja floh und in diese Gegend kam, gegründet worden sein soll.

8. Die Treue kehrt wie die Seele niemals dorthin zurück, woher sie kam.

9. Denn ein gerechter und weiser König oder ausgewählte führende Bürger oder das Volk selbst, obwohl das am wenigsten zu beweisen ist, kann offenbar von gewissem Bestand sein, wenn keine Ungerechtigkeiten und Leidenschaften sich dazwischendrängen.

Ineinander verschachtelte Nebensätze

Ü 5

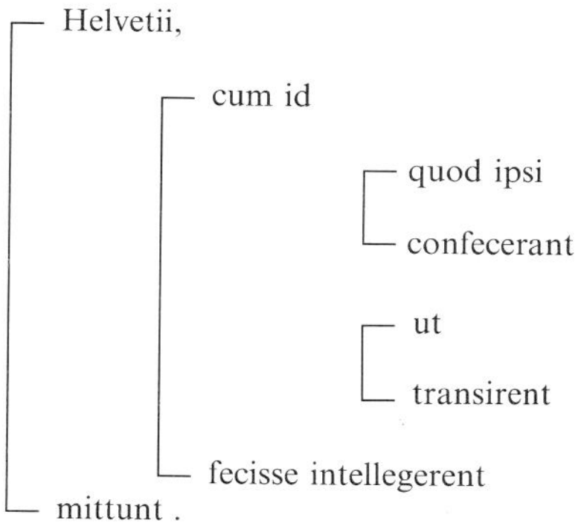

Übersetzung:

Die Helvetier, durch dessen plötzliche Ankunft überrascht, schickten Gesandte zu ihm, weil sie sahen, daß er an einem einzigen Tag das fertiggebracht hatte, was sie selbst mit Mühe und Not erst an 20 Tagen zuwege gebracht hatten, nämlich den Fluß zu überschreiten.

Ü 6

In den Satzperioden zwei und neun werden die Nebensätze zusätzlich vom Hauptsatz eingerahmt!

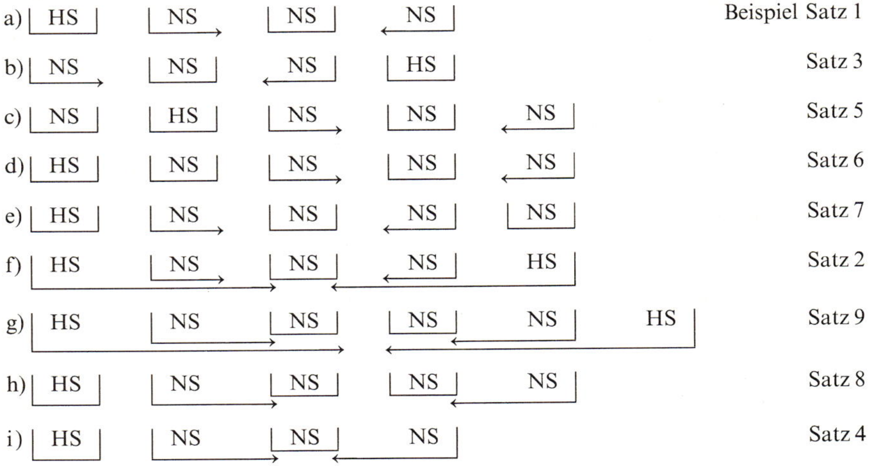

Übersetzung:

1. Wir wollen also loben und zur Zahl der Glücklichen rechnen den, der die Zeit, wieviel ihm beschieden ist, richtig „angelegt hat" (wörtlich: dem die Zeit richtig angelegt worden ist).
2. Sie glaubten nämlich, wenn er sich darin besonders bemüht hätte, worin er am meisten könnte, daß er ihnen ein herausragendes Werk in jenem Heiligtum hinterlassen würde.
3. Weil aber der Staat, auf den all mein Sorgen, Denken und Werke sich zu richten pflegte, durchaus keiner mehr war, verstummten natürlich jene Worte auf dem Forum und im Senat.
4. Aber bei aller Ungerechtigkeit gibt es einen sehr großen Unterschied, ob Unrecht aus irgendeiner Verwirrung des Geistes, die meist kurz und auf den Augenblick beschränkt ist, oder mit Bedacht und Absicht geschieht.
5. Nachdem das Fundament der Philosophie auf die Grenzen von Gut und Böse gelegt worden ist, ist von uns in fünf Büchern diese Stelle geklärt worden, daß eingesehen werden kann, was von jedem und was gegen jeden Philosophen gesagt wird.
6. Daraus ergibt sich jenes, daß derjenige Gott erkennt, der sich gleichsam erinnert, woher er entstammt.
7. Große und meist auch begründete Zerwürfnisse entstehen dann, wenn von Freunden etwas, was nicht richtig ist, verlangt wird, daß sie entweder als Diener der Begierde oder als Helfershelfer zum Unrecht herhalten sollen.
8. Diese Erwartung wirst du in einer einzigen Sache sehr leicht bestehen, wenn du dir dies vorgenommen hast, daß man sich in den Eigenschaften bemühen muß, mit welchen man sich diese Verdienste verschafft –, Verdienste, deren Ruhm du schon immer geliebt hast.
9. Bei einer derartigen Sache und Sitten werden jenem die Beispiele nicht fehlen, wenn einer, der vor Gericht geführt worden, sobald er handgreiflicher Schandtaten überführt wird, behauptet, daß andere dasselbe getan haben.

Ü 7

Durch Nebensätze mehrmals unterbrochener Hauptsatz

Satz 1

- Interea
  - quam
  - habebat
- militibusque
  - qui
  - convenerant
- a lacu
  - qui
  - influit
- ad montem Iuram
  - qui
  - dividit
- perducit

Satz 2

- Postero die Caesar
  - quae
  - facere instituerat
- magno coorto imbri ... arbitratus
  - quod
  - videbat
- versari iussit et
  - quid
  - fieri vellet
- ostendit

Satz 3

- Numitor ... dictitans
  - cum
  - avocasset
  - postquam
  - vidit
- extemplo advocato concilio
  - ut
  - geniti ... educati ... cogniti essent
- ostendit

Satz 4

- Suscepit enim Philus
  - qui
  - sentirent ... geri non posse
- purgans ...
  - ne ... ipse
  - sentire crederetur
- egitque
  - ut
  - conaretur ostendere

Satz 5

- Omnis ergo populus
  - qui est
  - talis coetus
    - qualem
    - exposui
- omnis civitas
  - quae est
  - constitutio
- omnis res publica
  - quae
    - ut
    - dixi
  - populi res est
- regenda est
  - ut
  - diuturna sit

Satz 6

- fama est Hannibalem (A.c.i. Anfang)
  - ut
  - duceretur
  - cum ... traiecturus
  - sacrificaret
- altaribus admotum
  - cum primum
  - posset
- hostem fore populo Romano (A.c.i. Ende)

Übersetzung

1. Inzwischen ließ er von der Legion, die er mit sich führte, und den Soldaten, die aus der Provinz zusammengekommen waren, vom Genfer See, der in die Rhone abfließt, bis zum Jura, der das Gebiet der Sequaner von dem der Helvetier trennt, einen 19 Meilen langen und 16 Fuß hohen Damm und einen Graben ziehen.
2. Als am folgenden Tag der Belagerungsturm herangerollt und die Schanzwerke, die Caesar hatte anlegen lassen, fertig waren und am folgenden Tag ein starker Regen einsetzte, ließ er in der Meinung, daß das Unwetter nicht ungünstig sei, um einen Plan zu fassen, weil er sah, daß die Wachen auf der Mauer etwas sorgloser verteilt waren, auch seine Leute lässiger ihre Schanzarbeit verrichten, und machte deutlich, was er wollte.
3. Als Numitor, der in der ersten Verwirrung immer wieder sagte, daß die Feinde in die Stadt eingedrungen seien und das Schloß angegriffen hätten, die wehrfähige Mannschaft auf die Burg gerufen hatte, um sie mit bewaffneter Gewalt zu halten, nachdem er sah, daß die Jugend nach vollbrachter Mordtat auf ihn zukam um zu gratulieren, da hielt er ihnen in einer sofort einberufenen Versammlung die Verbrechen seines Bruders gegen ihn, die Herkunft seiner Enkel, wie sie gezeugt, wie sie aufgezogen, wie sie aufgefunden, die Ermordung des Tyrannen dann und seine Mithilfe dabei vor Augen.

4. Philus selbst nämlich nahm die Diskussion derer auf, die meinten, daß der Staat ohne Ungerechtigkeit nicht geführt werden kann, indem er besonders rechtfertigte, daß er selbst dies nicht zu denken glaubte, und er warf sich als Anwalt auf mit Fleiß für die Ungerechtigkeit gegen die Gerechtigkeit, daß er zu beweisen suchte, daß dies nützlich sei für den Staat.
5. Jedes Volk also, welches die Ansammlung einer Menge von der Art ist, wie ich sie beschrieben habe, jede Bürgerschaft, die die Organisation eines Volkes ist, jeder Staat, der, wie ich sagte, die Sache des Volkes ist, muß nach einer gewissen Planung regiert werden, damit er beständig ist.
6. Es gibt eine Geschichte, daß Hannibal als fast neunjähriger Junge seinem Vater Hamilkar kindlich das Versprechen abgeschmeichelt habe, daß er nach Spanien mitgenommen werde; als er nach Beendigung des Afrikanischen Krieges Opfer darbrachte, um dorthin überzusetzen, sei er (Hannibal), zum Altar geführt, unter der Berührung der Opfer durch einen Eid bestimmt worden, sobald er könne, Feind des römischen Volkes zu werden.

Kombinierte Satzperiode

Ü 8

Beispiel:

Die Satzperiode besteht aus vier Sätzen. Der Haupt-Satz geht voran. Die zwei Nebensätze werden durch einen Nebensatz mit der Konjunktion quod eingerahmt. Die Einrahmung gibt an, daß die beiden Nebensätze dem einrahmenden Nebensatz untergeordnet sind.

Übersetzung:

Hierzu kam noch, daß Lucius Sulla das Heer, das er in Asien geführt hatte, um es sich dadurch treu ergeben zu machen, gegen die Sitte der Vorfahren üppig und allzu großzügig gehalten hatte.

- Huc
- adcedebat
  - quod L. Sulla exercitum
    - quem
    - in Asia ductaverat
      - quo sibi
      - fidum faceret
  - contra morem maiorum luxuriose nimisque liberaliter habuerat

Ü 9

Beispiel:

1. Satz: Der Hauptsatz umrahmt drei Nebensätze, wobei der zweite Nebensatz in zwei Teile zerfällt.

2. Satz: Zwei Nebensätze sind in den Hauptsatz so eingebettet, daß das Subjekt in der Mitte zwischen den beiden Nebensätzen zu stehen kommt, das Objekt und das Prädikat die beiden Nebensätze umrahmen.

1. Satz:

- Milo
  - ut
  - cognovit vulneratum Clodium
  - cum
  - futurum (esse) intellegeret … esset habiturus
  - etiamsi subeunda esset
  - poena
- exturbari taberna iussit.

2. Satz:

- Cadaver eius in via relictum,
  - quia servi Clodi
  - aut occisi erant aut ... latebant
- Sex. Teidius senator
  - qui
  - revertebatur
- sustulit et ... ferri iussit.

Übersetzung:

Sobald Milo erfuhr, daß Clodius verwundet sei, ließ er ihn aus der Taberne treiben, weil er dachte, daß es sogar für ihn gefährlich wäre, wenn dieser lebe, wenn er aber tot sei, er einen großen Trost haben würde, auch wenn er Strafe erleiden müßte....

Seinen Leichnam, der auf der Straße liegengeblieben war, weil seine Sklaven entweder getötet waren oder schwer verwundet sich versteckt hielten, hob der Senator Sextus Teidius auf, der zufällig vom Lande in die Stadt zurückkehrte, und ließ ihn in der Sänfte nach Rom bringen.

Ü 10

Beispiel:

Der Hauptsatz umrahmt einen Nebensatz mit der Konjunktion „quale", darauf folgt ein Nebensatz mit „cum" und zwei Prädikaten, der von einem Relativsatz zweiten Grades abgeschlossen wird.

- Equitum pedestre proelium,
  - quale iam
  - haud dubia hostium victoria
- fuit
  - cum victi mori in vestigio mallent quam fugere,
  - victores morantibus victoriam irati trucidarent,
    - quos
    - pellere non poterant.

Übersetzung:

Das Bodengefecht der Reiter verlief so, wie es eben bei einem nicht zweifelhaften Sieg der Feinde ist: da die Besiegten lieber auf der Stelle sterben wollten als fliehen, die Sieger wütend über die, die den Sieg verzögerten, niederschlugen, wen sie nicht vertreiben konnten.

Ü 11

Beispiel:

Consul

ubi ea

parari cognovit

dispositis praesidiis

ut res atque tempus

monebat

convocato senatu

refert

quid de iis

fieri placeat

qui in custodiam

traditi erant

Übersetzung:

Als der Konsul diese Vorbereitungen erkannt hatte, berichtet er vor versammeltem Senat, nachdem Posten verteilt worden waren, wie es Umstände und Lage erfordern, was man mit diesen zu tun gedenke, die in Haft gegeben worden waren. ...

Da hatte D. Iunius Silanus, als erster nach seiner Meinung befragt, weil er zu dieser Zeit gewählter Konsul des nächsten Jahres war, entschieden, daß die, die im Gefängnis gehalten wurden und außerdem Cassius, Furius, Umbrenus und Annius, wenn sie gefaßt würden, hinzurichten seien.

Tum D. Iunius Silanus primus sententiam rogatus,

quod eo tempore

consul designatus erat,

de iis,

qui in custodiis

tenebantur

et praeterea de L. Cassio, P. Furio, P. Umbreno, Q. Annio,

si

deprehensi forent,

supplicium sumundum decreverat.

Ü 12

Beispiel:

1.

Satz	Konjunktion	Prädikat
1. NS	ut	videretur migrare
2. NS	cum	oraret atque obsecraret
3. NS	ne	acceleraret et reservaret
4. NS	quod	cogeret
5. NS	quoniam	posset superesse

2. Hac oratione habita constantia vocis atque vultus,

ut non ex vita, sed ex domo

in domum videretur migrare,

cum quidem Agrippa eum flens atque osculans

oraret atque obsecraret,

ne id,

quod natura

cogeret

ipse quoque sibi acceleraret et

quoniam tum quoque

posset temporibus superesse,

se sibi suisque reservaret,

preces eius taciturna sua obstinatione depressit.

Übersetzung:

Nachdem er diese Rede gehalten hatte mit fester Stimme und Miene, so daß es schien, daß er nicht aus dem Leben, sondern von Haus zu Haus wandern würde, unterdrückte er das Flehen durch konsequentes eigenes Schweigen, als freilich Agrippa ihn unter Tränen und Küssen bat und beschwor, das, was die Natur erzwinge, nicht auch selbst für sich zu beschleunigen und sich den Seinen und sich zu erhalten, da er dann auch den Umständen nach überleben könne.

Ü 13

Beispiel:

– Der große Rahmen umschließt den ganzen Satz:
  Romana pubes sedato tandem pavore...
  tamen velut orbitatis metu icta maestum aliquamdiu silentium obtinuit.
  Ein kleiner Rahmen wird gebildet durch den „etsi"-Satz:
  etsi satis credebat patribus...
  sublimen raptum procella,

– Der AmP „sedato tandem pavore" im Hauptsatz und der A.c.i. „sublimen raptum (esse) procella" im „etsi"-Satz erschweren die Übersetzung bzw. die Analyse.

```
┌─ Romana pubes sedato tandem pavore,
│
│      ┌─ postquam ex tam turbido die
│      └─ serena et tranquilla lux rediit,
│
│      ┌─ ubi
│      └─ vacuam sedem regiam vidit
│
│      ┌─ etsi satis credebat patribus,
│      │     ┌─ qui proximi
│      │     └─ steterant,
│      └─ sublimen raptum procella,
│
└─ tamen velut orbitatis metu icta maestum aliquamdiu silentium obtinuit.
```

Ü 14

Beispiel:

Satz 1:

Das erste „et" verbindet „de his" und „(de) ceteris ... tractatibus", die zwei anderen „et" (sowohl – als auch) knüpfen „nos ... conabimur" und „recensebimus" aneinander. Die Konjunktionen, die Sie vielleicht eingerahmt haben, sind

cum
quid
quae.

Satz 2:

- quod ad pecuniam
- pertinet
  - quam apud iudicem
  - peti dixisti
    - utare
    - M. Catonis ... consilio
      - qui in oratione
        - quam
        - pro Turio contra Cn. Gellium dixit
      - ita esse a maioribus traditum observatumque ait
        - ut
          - si
            - quod inter duos
            - actum est
          - neque tabulis neque testibus planum fieri posset
        - tum apud iudicem
          - qui de ea re
          - cognosceret
            - uter ex his
            - vir melior esset
        - quaereretur et
          - si
          - pares essent seu boni pariter seu mali,
        - tum illi
          - unde
          - petitur
        - crederetur ac secundum eum iudicaretur.

Satz 3 und 4:

In hac autem causa, [de qua tu ambigis], optimus est [qui petit], [unde petitur deterrimus] et res est inter duos acta sine testibus. Eas igitur et credas ei [qui petit], condemnesque eum [de quo petitur], [quoniam, [sicuti dicis] duo pares non sunt et [qui petit] melior est].

Satz 3:

- in hac autem causa
  - de qua tu
  - ambigis
- optimus est
  - qui
  - petit
  - unde
  - petitur
- deterrimus et
- res est inter duos acta sine testibus.

Satz 4:

- eas igitur et credas ei
  - qui
  - petit
- condemnesque eum
  - de quo
  - petitur
  - quoniam
    - sicuti
    - dicis
  - duo pares non sunt et
    - qui
    - petit
  - melior est

Übersetzung:

1. Über diese und weitere Abhandlungen von dergleichen richterlicher Verpflichtung werde ich später, wenn ich Zeit haben werde, teils versuchen meine Ansicht auszusprechen, teils die Vorschriften des Aelius Tubero über die Pflicht des Richters, die ich neulich gelesen habe, erklären.
2. Was das Geld betrifft, welches beim Richter deiner Meinung nach eingefordert werden soll, befolge den Grundsatz des M. Cato, des höchst klugen Mannes, der in seiner Rede, welche er für den L. Turius gegen den Cn. Gellius hielt, sagt, daß es von den Vorfahren so überliefert und festgehalten worden sei, daß, wenn etwas, was zwischen zweien abgemacht worden sei, weder durch Dokumente noch durch Zeugen deutlich gemacht werden könne, dann bei dem Richter, der über die Sache eine Untersuchung anstellen soll, welcher von den beiden der Bessere wäre, die Frage erörtert wurde, und, wenn sie beide gleichermaßen entweder gut oder schlecht waren, daß dann jenem, von dem gefordert wird (dem Angeklagten), geglaubt wird und zu seinen Gunsten geurteilt wird.
3. In diesem Prozeß aber, über den du im Zweifel bist, ist der, welcher die Klage stellt, der beste, von dem eingefordert wird, (aber) ein ganz schlechter Mensch, und die Sache ist zwischen beiden ohne Zeugen abgeschlossen worden.
4. Du sollst gehen und dem glauben, der die Forderung stellt, und den verurteilen, von welchem gefordert wird, weil sie beide nicht gleich sind, wie du sagst und derjenige, welcher die Forderung stellt, besser ist.

Text und Kontext

Erste Annäherungsversuche an einen lateinischen Kontext

Ü 15

1. 1. Schritt:
kein Eigenname

2. Schritt:
Substantive:

veritas – pluribus modis infracta – inscitia rei publicae – libidine adsentandi – odio adversus dominantes – cura posteritatis. Ambitionem scriptoris – obtrectatio et livor – pronis auribus – adulationi – foedum crimen servitutis – malignitati – falsa species libertatis

Veritas = Wahrheit, res publica = Staat, cura posteritatis = Sorge für die Nachwelt, servitus = Sklaverei, libertas = Freiheit: Sachgebiet: Staat und Geschichte

Libido = Willkür, Sucht, odium = Haß, ambitio = Liebedienerei, adulatio = Schmeichelei, obtrectatio et livor = Eifersucht und Neid, malignitas = Mißgunst: niedrige moralische Eigenschaften.

3. Schritt:
ambitionem scriptoris facile averseris
pronis auribus accipiuntur
malignitati falsa species libertatis inest.

Übersetzung:
Zugleich wurde die Wahrheit auf mehrere Arten entstellt, zu allererst aus Unverständnis für das Gemeinwesen wie ein fremdes, bald aus der Sucht, nach dem Mund zu reden oder aus Haß gegen die Machthaber: unter den feindlichen oder knechtlich Ergebenen trug niemand Sorge um die Nachwelt. Von der Liebedienerei eines Autors aber wendet man sich leicht ab, Eifersucht und Neid werden mit offenem Ohr aufgenommen, da der Schmeichelei das häßliche Verbrechen der Knechtschaft, der Mißgunst der falsche Schein der Freiheit innewohnt.

Thema:
Es handelt sich um einen Text, in dem es um die Wirkung niedriger moralischer Eigenschaften auf den Staat und die Geschichtsschreibung geht.

2. 1. Schritt:
Graecia – Graeciae

2. Schritt:
philosophia – tanto in honore – contentionibus dissensionibusque – huius generis laudem – in hanc urbem – studio atque industria – maiores nostri.
philosophia = Philosophie, contentio dissensioque = Auseinandersetzung und Erörterung; Sachgebiet: Philosophie
in hanc urbem = in diese Stadt, maiores nostri = unsere Vorfahren: Rom

3. Schritt:
Abest
scribi contra nos nolimus: 1. Person!
id etiam maxime optemus: 1. Person
numquam fuisset
viguisset
hortor: 1. Person: also Rede, Brief oder Dialog
facere id possunt
laudem iam languenti Graeciae eripiant et perferant in hanc urbem reliquas omnes ... transtulerunt

Übersetzung:
Es ist soweit (von uns) entfernt, daß wir nicht wollen, daß gegen uns geschrieben wird, daß wir es sogar sehr wünschen. Denn in Griechenland selbst wäre die Philosophie niemals in solcher Ehre gestanden, wenn sie nicht in den Diskussionen und Meinungsverschiedenheiten der weisesten Männer kräftig gelebt hätte. Deshalb fordere ich alle auf, die dazu fähig sind, dem schon ermatteten Griechenland den Ruhm auch in diesen Dingen zu entreißen und ihn in unsere Stadt zu bringen, wie unsere Vorfahren schon alles andere, soweit es wünschenswert war, mit Eifer und Fleiß übernommen haben.

Thema in etwa:

Philosophie in Griechenland und Rom

3. 1. Schritt:

kein Eigenname

2. Schritt:

perfectus orator = der perfekte Redner – exempla bene dicendi = Beispiele der Redekunst Sachgebiet: Rhetorik

3. Schritt

propria his bona adiecerit
suppleat quae deerant
circumcidat
redundabit
erit
quem quaerimus: 1. Person!
consummari potissimum opporteat
supersunt
sunt
contigerunt
erit
superasse, posteros docuisse dicantur

Übersetzung:

Wer aber diesem eigenes Gute hinzufügt, so daß er, was fehlt, ergänzt, entfernt, wenn etwas zuviel ist, der ist der vollkommene Redner, den wir suchen: dieser sollte gerade heute zu höchster Vollendung gelangen können, da heute so viel mehr gute Beispiele der Redekunst zur Verfügung stehen, als sie jenen, die bis jetzt die Größten sind, vorhanden waren. Denn auch dies wird ihr Ruhm sein, daß man ihnen sagt, sie hätten ihre Vorgänger übertroffen, die Nachfolger gelehrt.

Thema:

Die vielen Verben geben einen Hinweis darauf, daß es sich um eine Tätigkeitsbeschreibung des Redners handelt.

4. 1. Schritt: kein Eigenname

2. Schritt:

magna pars – in oratione – poetas – historicos – in illis operibus – oratores aut declamatores – lex – suus decor – comoedia – in cothurnos – tragoedia – socco

oratio = Rede, poeta = Dichter, historicus = Geschichtsschreiber – declamator = Rhetor: Sachgebiet Rhetorik

comoedia = Komödie, cothurnus = Kothurn (der hohe Schuh der Schauspieler in der Tragödie), tragoedia = Tragödie, soccus = leichter, griechischer Schuh, Stil der Komödie.

3. Schritt:

vitandum (est)
errat
imitandos (esse) putemus: 1. Person!
suus decor est
nec in cothurnos adsurgit
nec socco ingreditur

Übersetzung:

Auch das muß vermieden werden, worin viele irren, daß wir nämlich nicht glauben dürfen, Dichter und Geschichtsschreiber in der Rede, Redner und Vortragskünstler in jenen Werken nachahmen zu müssen. Jede Aufgabe hat ihr eigenes Gesetz, ihren Schmuck: weder steigt die Komödie auf den Kothurn, noch schreitet umgekehrt die Tragödie im leichten Schuh einher.

Thema:

Beziehung zwischen Dichtkunst und Redekunst

5. 1. Schritt:

kein Eigenname

2. Schritt:

Ambitio – in pectore – in lingua – amicitias inimicitiasque – ex re – magisque voltum quam ingenium bonum – contagio quasi pestilentia – civitas inmutata – imperium

ambitio = Ehrgeiz, amicitia = Freundschaft, inimicitiae = Feindschaft: Verhalten

civitas = Staat, Bürgerschaft, imperium = Herrschaft: Sachbereich: Staat

3. Schritt:

multos falsos fieri subegit aliud clausum ... aliud promptum habere, amicitias inimicitiasque aestumare, magisque voltum, quam ingenium bonum habere, crescere, vindicari
invasit
crudele intolerandumque factum (est)

Übersetzung:

Der Ehrgeiz veranlaßte viele Menschen, falsch zu werden, anders im Herzen zu denken als mit Worten zu bekennen, alle Freundschaft und Feindschaft nicht nach ihrem Wesen, sondern nach dem äußeren Vorteil abzuschätzen, mehr auf die Fassade zu achten als auf die gute Sinnesart. Anfangs breiteten sich diese Fehler nur allmählich aus, zuweilen schritt man noch dagegen ein; als dann aber die Fäulnis wie eine ansteckende Seuche um sich griff, da wandelte sich die ganze Bürgerschaft, und aus der gerechtesten und besten Herrschaft wurde eine grausame und unerträgliche.

Thema:

Die vielen von subegit abhängigen Infinitive lassen darauf schließen, daß es um den Einfluß von ambitio auf das Verhalten der Menschen im Staat geht.

6. 1. Schritt:

Gallicus – Anienis (Fluß in Latium, der durch Rom fließt)

2. Schritt:

Dictator – tumultus Gallici causa – iustitium – sacramento – ingenti exercitu – ab urbe – in citeriore ripa Anienis – castra – pons – timoris indicium – proelia – de occupando ponte – incertis viribus

Dictator = Dictator, iustitium = Einstellung aller Rechtsgeschäfte, sacramentum = der Soldateneid – ingens exercitus = ein mächtiges Heer, castra = das Lager, proelium = die Schlacht

3. Schritt:

iustitium edixisset
iuniores sacramento adegit
castra posuit
in medio erat
ne timoris indicium esset
crebra erant
nec potirentur
discerni poterat

Übersetzung:

Als der Diktator wegen des Kampfes mit den Galliern die Einstellung aller Rechtsgeschäfte angeordnet hatte, ließ er alle Jüngeren den Soldateneid ablegen und stellte, nachdem er mit einem riesigen Heer von der Stadt aufgebrochen war, das Lager auf dem diesseitigen Ufer des Anienis auf. Eine Brücke führte darüber, wobei keine der beiden Parteien sie abriß, damit es nicht ein Zeichen von Furcht sei. Es gab häufige Auseinandersetzungen um die Besetzung der Brücke, und wegen der unsicheren Kräfte(verhältnisse) konnte nicht klar entschieden werden, wer sich der Brücke bemächtigte.

Thema:

Schlachtbeschreibung der Kämpfe mit den Galliern in Rom.

Der Satz im Kontext

Ü 16

1. 1. Schritt:

Quibus rebus cognitis = nachdem dies in Erfahrung gebracht war

2. Schritt:

principes Britanniae – post proelium – ad Caesarem – et equites et naves et frumentum – Romanis – paucitatem militum – ex castrorum exiguitate – sine impedimentis – Caesar – legiones – rebellione facta – frumento commeatuque – rem – in hiemem – reditu – belli inferendi causa – in Britanniam

3. Schritt:

Der nächste Satz beginnt mit „Deshalb ...“. Der Problemsatz muß also die Erklärung dafür enthalten, warum die principes Britanniae nach Bekanntwerden der Vernichtung von Caesars Schiffen eine Rebellion planten.

Hinweise auf die Gründe ergeben sich durch die A.c.i.-Blöcke:

et equites et naves et frumentum Romanis deesse intellegerent et paucitatem militum ex castrorum exiguitate cognoscerent

Übersetzung:

Nachdem dies in Erfahrung gebracht war, glaubten die Fürsten Britanniens, die zu Caesar gekommen waren, und die sich untereinander besprochen hatten, daß es das Beste sei, nach der Anzettelung eines Aufstandes die Unsrigen von der Getreidezufuhr und der Verpflegung abzuschneiden und die Sache in den Winter hineinzuziehen, weil sie darauf vertrauten, daß, nachdem diese besiegt oder ihnen der Rückzug abgeschnitten sei, niemand mehr später, um Krieg zu führen, nach Britannien kommen werde. Sie hatten nämlich gemerkt, daß den Römern Reiter, Schiffe und Getreide fehle und aus dem geringen Umfang des Lagers hatten sie die geringe Zahl der Soldaten erkannt. Das Lager war auch deshalb kleiner, weil Caesar die Legionen ohne Gepäck transportiert hatte.

2. 1. Schritt:

Namque = deshalb – post illa tempora = danach

2. Schritt:

rem publicam – honestis nominibus – populi iura – pars – senatus auctoritas maxuma – pro sua quisque potentia –

3. Schritt:

Im drauffolgenden Satz ist von beiden Parteien die Rede. Der mit namque eingeleitete Satz muß also das Verhalten beider Parteien post illa tempora schildern. Einen wichtigen Hinweis geben auch die korrespondierenden Pronomina: alii – pars (häufig bei Sallust, statt: alii – alii)

Übersetzung:

Denn, um mit wenigen Worten die Wahrheit zu sagen: seit jener Zeit kämpften alle, die das staatliche Leben beunruhigten, unter ehrenhaften Namen; die einen taten so, als wollten sie des Volkes Rechte verteidigen, die anderen, als wollten sie das Ansehen des Senates möglichst steigern – das Allgemeinwohl schützten sie vor, und jeder kämpfte doch nur für den eigenen Einfluß.

3. 1. Schritt:

Nam: Der Problemsatz muß also eine Erklärung dafür enthalten, daß das Leben eigentlich Vorbereitung auf den Tod ist.

2. Schritt:

A voluptate – a corpore – a re familiari – ministra et famula corporis – a re publica – a negotio omni – animum – animum – a corpore

3. Schritt:

Durch das aber im Nachsatz wird etwas Neues eingeführt. Er hilft uns also nicht weiter. Auffällig aber ist im Problemsatz die immer gleiche Formulierung mit a (a voluptate – a corpore)
Zusammen mit der Prädikatsgruppe sevocamus animum ergibt sich daraus die Grundstruktur des Satzes.

Übersetzung:

Denn, was tun wir anderes, wenn wir die Seele von der Lust, das heißt vom Körper, wenn wir sie vom Vermögen, das die ergebenste Dienerin des Körpers ist, wenn wir sie vom Staat, wenn wir sie von jedem Geschäft wegrufen, was, sag ich, tun wir anderes als die Seele zu sich selbst zu rufen, sie zwingen, bei sich zu sein, und sie am meisten vom Körper fernzuhalten.

Textbefragung

Ü 17

konkret			abstrakt
	sapientia		
Klugheit, Verstand	Einsicht	Weisheit	Philosophie
	ratio		
Rechnung, Berechnung	Art, Weise		Verstand, Theorie, Vernunft

Übersetzung:

Ein weiser Mann führte einst die Menschen, die verstreut übers Land oder versteckt in den Wäldern gelebt hatten, auf eine bestimmte Weise an einem Ort zusammen und lehrte sie alles Nützliche und Ehrenwerte. Zuerst protestierten sie wegen des Ungewohnten, dann aber hörten sie wegen seiner vernünftigen Argumente eifriger zu, und er machte sie aus wilden Ungeheuern zu gesitteten menschlichen Wesen. Auch ich glaube, daß die Weisheit, die nicht stumm und sprachlos ist, die Menschen von ihrer Gewohnheit abbringt und sie zu einer anderen Lebensweise führt.

Ü 18

1. Unwahrscheinlich als passende Bedeutung sind z. B.: gerichtlich verfolgen, aufführen, feierlich veranstalten.

   De condicionibus inter se agunt = über die Bedingungen untereinander verhandeln

   Übersetzung:

   Inzwischen wurde er, während sie untereinander die Bedingungen verhandelten und von Ambiorix absichtlich ein längeres Gespräch eingeleitet wurde, nachdem er allmählich umstellt war, getötet.
2. Ambiorix cum Titurio egerat = was Ambiorix mit Titurius verhandelt hatte

   Übersetzung:

   Nachdem die Möglichkeit dazu geboten worden war, brachten sie dasselbe vor, was Ambriorix mit Titurius verhandelt hatte.
3. Turres testudinesque agere = Belagerungstürme und hölzerne Schutzdächer voranschieben

   Übersetzung:

   Die Feinde machten sich daran, mit lautem Geschrei, als ob der Sieg schon errungen und sicher sei, die Belagerungstürme und Sturmdächer heranzuschieben und auf Leitern den Wall zu ersteigen.
4. Cum simulatione timoris agi iubet = er befahl, daß mit der Vortäuschung von Angst verfahren werde (daß Angst vorgetäuscht werde)

   Übersetzung:

   Caesar... befahl, den Befestigungswall auf allen Seiten zu erhöhen, die Tore zu verbarrikadieren, bei der Arbeit möglichst viel hin und her zu rennen und Angst vorzutäuschen.

Ü 19

Caesars Text lautet:

Germani post tergum clamore audito cum suos interfici viderent, armis abiectis signisque militaribus relictis se ex castris eiecerunt, et cum ad confluentem Mosae et Rheni pervenissent, reliqua fuga desperata magno numero interfecto reliqui se in flumen praecipitaverunt atque ibi timore, lassitudine, vi fluminis oppressi perierunt.

Übersetzung:

Als die Germanen das Geschrei auch hinter ihrem Rücken hörten und sahen, wie ihre Leute niedergehauen wurden, warfen sie die Waffen fort, ließen ihre Feldzeichen im Stich und stürzten aus dem Lager davon. An dem Zusammenfluß der Maas und des Rheins angekommen, gaben sie die Hoffnung auf weitere Flucht auf. Als viele von ihnen getötet waren, stürzten sich die übrigen in den Fluß und ertranken dort, von Schrecken, Erschöpfung und der Gewalt des Stromes überwältigt.